体育强国视域下高校体育教学创新研究

聂 丹 李 运◎著

吉林大学出版社

·长春·

图书在版编目（ＣＩＰ）数据

体育强国视域下高校体育教学创新研究 / 聂丹，李

运著 . -- 长春 : 吉林大学出版社，2022.9

ISBN 978-7-5768-0451-5

Ⅰ.①体… Ⅱ.①聂… ②李… Ⅲ.①体育教学—教

学研究—高等学校 Ⅳ.① G807.4

中国版本图书馆 CIP 数据核字 (2022) 第 170645 号

书　　名　体育强国视域下高校体育教学创新研究
　　　　　TIYU QIANGGUO SHIYU XIA GAOXIAO TIYU JIAOXUE CHUANGXIN YANJIU
作　　者　聂 丹 李 运 著
策划编辑　殷丽爽
责任编辑　董贵山
责任校对　安 萌
装帧设计　李文文
出版发行　吉林大学出版社
社　　址　长春市人民大街4059号
邮政编码　130021
发行电话　0431-89580028/29/21
网　　址　http:// www. jlup. com. cn
电子邮箱　jldxcbs@ sina. com
印　　刷　天津和萱印刷有限公司
开　　本　787mm×1092mm　1/16
印　　张　10.25
字　　数　180 千字
版　　次　2023 年 1 月　第 1 版
印　　次　2023 年 1 月　第 1 次
书　　号　ISBN 978-7-5768-0451-5
定　　价　72.00 元

前　言

体育强国是新时期我国体育工作改革和发展的目标与任务。体育强国具有国民体质强、竞技体育均衡发展且国际领先、大众体育普及体育公共服务体系完善、体育科技水平高、体育产业发达、体育文化繁荣等标志。体育强国目标的实现，对推动我国综合国力的提升和发展具有重要的意义。而高校作为培育青年成长成才的主阵地，其体育教育情况，不仅影响着大学生各方面素质的发展，也在很大程度上影响着体育强国目标的实现。所以，在体育强国背景下，高校必须加强对体育教学的重视，要以体育强国作为核心理念和主要目标，充分吸收近些年来体育教学研究的优秀成果，加强体育教学的改革和创新。同时，高校必须正视体育教学过程中存在的问题，了解体育教育发展面临的局限性，并结合学生的身体素质情况和学习诉求对体育教学理念、内容、方法和模式进行优化，争取给学生构建良好的体育环境，提升高校体育教学的质量，最终推动体育强国目标的实现。

本书共五章，第一章为高校体育教学综述，分别介绍了高校体育教学的内容、高校体育教学的特点、高校体育教学的功能，以及高校体育教学的目标；第二章为体育强国与高校体育教学，主要分析了体育强国的基本内涵、体育强国的现实环境、高校体育教学的现状、高校体育教学的改革与发展；第三章为高校体育教学的理论基础，主要说明了高校体育教学的基本理念、高校体育教学的基本原则、高校体育教学的基本模式；第四章为体育强国视域下高校体育文化建设，分别论述了体育文化的概念和内涵、高校体育文化的发展、高校体育文化体系的建设；第五章为体育强国视域下高校体育教学实践创新，分别介绍了多媒体教学法、分层教学模式、俱乐部教学模式在高校体育教学中的应用。

本书是广东省教育科研项目"高校体育慕课的设计与应用研究"（课题编号：2018GXJK006）的研究内容。本书由聂丹和李运撰写，第一作者聂丹负责15.5万字，第二作者李运负责 4.5 万字。在撰写本书的过程中，笔者得到了许多专家学者的帮助和指导，参考了大量的学术文献，在此表示真诚的感谢。但由于笔者水平有限，书中难免会有疏漏之处，希望广大同行和读者予以指正。

作 者

2022 年 1 月

目　录

第一章　高校体育教学综述

我国社会经济的发展提升了人们的物质生活水平，科技领域的进步改变了人们的生活方式，但与此同时也产生了一个新的问题，就是人们的身体素质开始下降，"亚健康"似乎成为一种常态。在此背景下，体育事业逐渐得到广泛的关注，也有越来越多的人开始注重身体锻炼和身心健康。在促进学生全面发展这一教育理念的推动下，我国高校对体育教学也越发重视，这对青年身体素质的提升及未来人生的发展都具有重要的意义。

本章为高校体育教学综述，主要介绍高校体育教学的内容、特点、功能和目标，以为接下来论述体育强国背景下高校体育的改革和创新做好铺垫。

第一节　高校体育教学的内容

一、体育教学内容的概念与特点

（一）体育教学内容的概念

对于体育教学而言，其教学的内容是达成教学目标的载体，体育教学的开展，以体育教学目标为指导，以体育书或电子资料中的知识与技能为载体，转化为学生的知识与技能，这一转化过程的所有内容即教学内容。

我们可以通过以下几个方面对体育教学内容有更深刻的了解：

①教学的材料和依据；

②以实现体育教学目标为指导；

③教师从多元体育教材内容中的优选结果；

④教师与学生的沟通中介；

⑤体育教学方法和教学手段的选用；

⑥决定体育教学的效果和质量。

（二）体育教学内容的特点

1. 教育性

在体育教学的整个过程中，体育教学内容都起着举足轻重的作用。教学内容是教学活动开展的基础，师生必须围绕内容来进行各种体育活动，从而分别完成教学与学习的任务。体育教学内容最重要的特点就是教育性，具体来说，体育教学内容有助于促进学生的身心发展，有助于培养学生良好的体育习惯和道德素养、提升学生的身体素质，并帮助学生树立积极向上的体育观念。

2. 实践性

体育课不同于文化课，它的教学活动以身体锻炼为主，所以体育教学的内容具有实践性特征。在当前体育教学中，体育实践内容在整个教学内容中占有很大的比重，这部分内容主要是引导学生通过身体练习掌握某些运动项目的要领，并在学习和训练的过程中使身体素质得到提升。

3. 健身性

体育教学内容围绕体育展开，用于实现体育的教育功能，其中，最主要的功能就是健身功能。因此，体育教学内容具有健身性，在体育教学内容的展示、传输过程中，师生理解体育知识、掌握体育技能，实现对身体和心理的建设，促进身心的健康发展。

4. 娱乐性

体育具有娱乐性，体育教学活动的开展，要实现具体的教学功能，就需要学生的有效参与，而体育教学内容的娱乐性能有助于调动学生参与体育活动的积极性，学生主动和积极参与体育活动，是实现教学有效性的基础。体育学科存在的意义，主要是为了提升学生的身体素质，还为了让学生在繁重的文化课学习中能够通过身体锻炼来调节状态，并获得快乐的体验，丰富其学习生活。

实际上，在人类社会发展的过程中，体育活动之所以能够流传下来，很大程度上取决于体育活动的娱乐性。在古代，很多体育项目都是以娱乐为主的，流传到今天，其形式和内容发生了一定的变化，其身体训练功能更为突出，但其娱乐性依然存在，这些成为很多人投身体育锻炼的重要因素。以标枪为例，标枪投掷运动起源于远古时期人类猎杀动物，到现在，我们自然没有猎杀动物的必要，但是标枪投掷这一运动却能给我们带来很多的乐趣，使我们身体得到锻炼的同时，也能让我们感受到体育所蕴含的文化。因此，高校在开展体育教学过程中也要着重体现体育学科的娱乐性，借此保护学生参与体育训练的热情。

5. 非逻辑性

体育教学内容复杂，体育教学内容的排列并不是直线递进式的，而是复合螺旋式的，它是由众多的相互平行的身体练习和竞技运动项目组成的。各种不同的体育运动项目的知识与技能各成体系，具有相互独立性，彼此之间并无必然的先后逻辑顺序，但都能促进学生的身心健康，彼此之间的教育功能是相通的，教师可以自由选择教学内容，在教学中不必考虑不同体育项目的运动知识、技能的教学进度关系。

二、现代体育教学内容体系构成

（一）基本教学内容

1. 体育、保健原理与知识

体育、保健原理与知识教学内容是体育教学的基础内容，这一部分内容的教学，有利于引导和指导学生科学参与体育健身实践活动。

在高校体育教学中，体育、保健原理与知识内容，往往在高校体育教学的学期初的第一、二次课会有所涉及，在以后的各教学课中通常作为知识点穿插在体育项目技能教学中。

2. 田径运动

田径运动是体育教学的重要内容，它跟人的走、跑、跳、投等基本活动能力都有内在的关联，所以，田径是其他体育运动项目的基础，在田径运动中所掌握的技能，在其他运动项目中都能用到，这是田径运动在体育课程中必不可少的重要原因。

田径运动教学内容，包括走跑、跳跃、投掷等几类运动项目内容，在田径教学中，教师应引导学生了解田径运动文化，掌握田径运动的基本特点、规律和动作要领，为学生进行田径运动夯实理论基础和技能基础。

3. 体操运动

体操教学内容丰富，包括技巧、支撑跳跃、单杠和双杠等内容，通过对体操体育教学内容的学习，学生应了解体操文化，掌握体操各运动项目的发展历史、相关赛事、技术动作，并通过体操运动促进自我体能、体姿的发展与改善。

同时，结合体操学练，还应重视学生的综合性生理、心理、竞技能力的发展对学生的影响，力求体操相关教学内容的全面呈现，以真正促进学生健康全面发展。

4.球类运动

当前，高校球类运动教学内容主要包括足球、篮球、排球、乒乓球、羽毛球、网球等。

通过球类运动教学，学生应掌握各种球类运动项目的运动文化知识，包括运动史、礼仪、组织、赛事、规则、裁判方法等，同时还要掌握具体的球类运动技能，有能通过球类运动从事体育运动健身的意识和能力。在体育教学中，对各种运动技能的学习，应按照具体的运动技能的认知、发展规律来进行，先学习技术，然后学习战术，再学习战术配合，最后发展实战能力。

5.韵律运动

韵律运动是当前我国高校中非常受大学生喜欢的体育运动，大学生的选课率高，参与热情高涨，主要教学内容有健美操、体育舞蹈等。

通过韵律运动的教学，可以有效提高学生的身体姿态和形态，对于培养学生的运动美感、运动表现力、操舞类运动能力具有非常重要的意义。

6.民族传统体育

民族传统体育历史悠久、源远流长，符合我国广大人民群众的健身观念、健身特点与健身需求，也是我国弘扬传统民族文化的重要内容，通过体育教学可以实现民族传统体育文化的教育传承。

在高校体育教学中开展民族传统体育教学，可以引导学生了解我国丰富的体育历史文化，了解体育哲学思想、体育价值观及体育养生观，并掌握民族传统体育项目的运动技能，同时能通过武术、气功及其他少数民族传统体育项目的训练，有效提高身体素质，掌握必要的养生技能。

（二）任选教学内容

高校体育任选教学内容，主要是指由高校自身能决定开设的体育教学课程内容，这些体育教学课程内容的地域性、民族性特点非常鲜明。

我国地域辽阔，并且是一个多民族国家，所以地域体育文化十分丰富。有了这一条件，高校可以根据本地区特点和实际学情来选择特色的民族传统体育运动项目，借此唤起学生的热情，调动学生参与体育训练的积极性。例如在少数民族地区，高校可以根据当地流行的民族传统体育项目来展开教学，也可以带领学生去民间采风，鼓励学生了解当地的体育文化。同时，高校也可以开展以少数民族体育项目为主的趣味运动会，借此体现体育课程的娱乐性、文化性和民族性，培养学生的体育兴趣并丰富学生的体育文化。

高校体育任选教学内容给予了高校和体育教师在体育教学内容选择上非常大

的自由性，体育教师在体育运动项目的选择上要做好功课，进行体育教学的同时重视民族体育文化的传播、传承。

三、当前高校体育教学内容存在的问题

（一）教学内容综合性程度低

高等教育环境中，对于学生开展的体育教学仅局限于身体锻炼一方面上，这也是高等院校在体育教学内容上显现出的综合程度低的关键之处。教师在开展体育教学时，可适当地向学生讲解此种体育项目的发展史，还可涉及相应的世界纪录及出色运动员的介绍。一方面，此种类型的知识普及能够增强学生对此门训练项目的了解深度；另一方面，此种模式能够更好地帮助大学生培养在此领域的爱好。在后续的体育锻炼中，教师可细化讲解此门课程的具体训练方式，一段时间后还可组织学生进行比赛，在比赛过程中可进一步向学生普及有关此门竞赛项目的规则及比赛技巧，从而全面激发学生的运动能力，扩展教学内容的广度，使学生尽可能多地了解相关体育知识。

（二）教学内容不够多样化

大学校园致力于为学生提供一种轻松、积极的学习氛围，但部分高校对此种氛围的营造缺乏认知，所谓的轻松氛围是为了让学生更高效地学习，并不是彻底放松学生。当今时代，部分大学生存在放任自我、随波逐流的消极思想，究其根本，造成此种现象的原因在于大学营造的错误的学习氛围。反观体育教学领域，部分大学在课程开设方面依然存在不足，主要为科目少、器材不完善。虽然处于新时代，但依然有部分大学在体育教学方面只有几种球类运动，其他一概没有，此种模式直接缩小了学生的选择面。学校为学生创设的各种机会能够作为提供良好学习氛围的条件之一。在体育教学科目上，学生大多处于"没得选、将就选"的状况，但好的大学体育教学应该能够全面满足学生的选择意愿，提供足够的选择项目，让学生发挥自主性，挑选自身感兴趣的科目进行学习，兴趣的建立也是学好体育科目的第一步。因此，在教学项目及内容上，大学体育教学还存在一定的不足之处，需要调整和完善。

（三）教学师资缺乏

高校体育教学中可选择的项目较少，教学内容多样性不足，这在一定程度上是教师资源缺乏所导致的。由于高校管理层的传统思想及其他原因，使高校在进行教师招聘时只注重传统体育科目，对于新时代出现的各种锻炼方式不够重视甚

至不够了解，此种问题直接导致后续体育教学过程中的一系列不足。此外，部分高校现有体育教师在教学思想上同样存在缺陷，大部分教师的思想守旧，多年来只应用固定的体育教学模式引导学生开展体育锻炼，对于新兴体育项目及与时代契合度更高的教学模式则是不闻不问，此种观念的存在同样放缓了大学体育教学内容适应性发展的步伐。所以高校在体育教师资源的扩充及教师教学思想的更新方面还应狠下功夫。

四、高校体育教学内容的开发原则

（一）健康性原则

在高校体育教学中，教学内容的开发应遵从健康性原则。健康性体育教学内容的开发，有助于促进学生身心健康发展。体育教学的宗旨是培养学生良好的身体素养，促进学生思维、能力、情感的培养，根据学生的实际情况和发展需要，选取健康的体育教学内容，以促使学生的体能和心理素质得到提升，促进学生身心健康成长。因此，在高校体育教学内容开发中，健康的教学内容的选取是必要的。

（二）个性化原则

学生个体存在差异性，高校体育教学内容的开发应该遵循学生的发展规律，选取个性化强的体育教学内容，凸显体育教学内容的特色，以此增强学生的学习兴趣。例如立足于学生实际情况，选取学生喜欢参与的体育项目活动，并借助网络数据平台，挖掘相关的体育教学内容，将图文并茂的体育教学信息资源传递给学生，让学生能够根据自身的喜好进行体育知识、技能的学习，培养学生的体育学习兴趣，进而实现学生体育个性化学习。

（三）教育性原则

高校体育教学内容的开发，应具有一定的教育性。在素质教育理念下开展高校体育教学，应凸显体育教学的人文性、育人性特点，借助体育教学内容的开发，选取具有教育性的内容，发挥体育育人效能，促进学生全面发展。例如开发有助于学生智力、德育培养的体育教育内容，发展学生思维，促进学生创新能力的培养。

五、高校体育教学内容改革的方法和创新路径

（一）高校体育教学内容的改革方法

1. 教学内容趋向多元化

要开展大学体育适应化教学，首要任务就是丰富教学内容。在体育科目设置上，可加入传统武术、现代体操及轮滑、攀岩等项目，若校内教学设施缺乏，还可联系校外相关体育训练场所，尽全力为学生提供多元化教学内容，在此基础上，学生便可从自身条件出发选择适合其身体素质的体育项目，确立兴趣才能更加深入地学习。其次，在体育课程设置上，学校还可进行相关分类，例如可划分为田径项目、体操类项目及水上运动项目等，通过大类的划分更容易让学生找到适合自己的体育项目，学生的运动效率也会更高。在此种情况下，体育教师就更应以身作则，科学合理地向学生传递相关科目的体育知识，并组织学生开展各项训练活动，达到全方位塑造高素质人才的育人目的。

2. 教学内容趋向综合化

传统意义上的大学体育教学模式依然较为片面，只注重大学生的训练方面，综合性较弱。因此需要在教学内容的拓展性及综合性方面进行完善。此种要求灵活性较高，例如传统的体育教学中教师大多会注重锻炼技巧的传授，教师的示范足以让学生明白其中的原理，但是为了更进一步丰富教学内容，教师可组织学生观看关于此类运动项目的世界级名将在竞赛中使用的各种技巧，一方面向学生普及更多的运动知识，另一方面能够让学生更加真切地体会到各种竞技体育的技巧所在，通过对比赛项目的课上数据及技巧进行分析，从而改变上述欠缺。此种多样化、多手段的教学模式更加符合现代化大学体育教学要求。传统观念认为，体育教学是让学生走出课堂、锻炼身体的好机会，但就现实情况来看，此种说法已经有些片面，体育教学若只是注重训练场上的教学内容，那必然会导致教学形式的单一化。相反，体育课同样也应该让教师带领学生由操场走回课堂，只要体育知识的传递形式足够具有趣味性，学生同样能接受此种教学模式。此种方法为教学领域的大胆设想。

3. 深刻理解教育改革的思路

教育改革已经不算是一个新颖的名词，但在实际成效中我们可以发现，即使此种观念的提出已经有很长一段时间，但各区域对于改革的理解依然存在不足之处。就大学体育教学领域而言，部分高校将改革理解为引进"新"的内容，即新科目、新教师、新设施等，但是忽略了对于原有项目的改革。高校应该认识到，原有的

体育的教学项目本身并无问题，只是教师在教学模式上存在一定的不足。教育的改革并非全面的革故鼎新，而是要求在引进"新"的同时改革"旧"，对于学生已经熟悉的教学科目，要适当地在其中添加新的内容；对于有一定难度的教学内容，要使学生保持一直学下去的兴趣。总之，通过兼容发展才能走好适应性教育教学发展之路。

（二）高校体育教学内容的创新路径

1. 改变传统观念，拓展理论教育

一直以来，受传统教育观念的影响，高校体育教学过程中过于重视学生对技术性动作的学习和训练，着力于提升学生的体育成绩，忽略了对学生健康教育的培养。这种功利性较强的理念，在一定程度上给学生带来了压力，消耗了学生对体育运动的热情。所以，在新时期，高校体育教师必须突破传统观念的限制，要站在"大体育观"的视角来重新审视体育教学的内容和目标，了解学生真正的发展诉求，并根据学生实际的需求，加强对学生的多元化培养，创新并拓展教学内容，实现理论教学与实践教学的结合。比如体育教学活动会受到天气的影响，每逢阴雨天气，体育教学就很难展开。为此，教师不妨利用这个时间，在室内开展体育理论课。在理论课上，可以借助现代信息化教学设备，以更加生动直观的方式给学生展示体育动作，弥补实践课教学中的不足。另外，教师可以给学生介绍一些体育文化、体育保健及运动损伤处理的知识，让学生掌握体育健康基础理论，并给学生进行体育实践活动提供指导。大学生处于身体成长发育的重要阶段，通过体育理论课，对大学生进行心理健康、运动损伤的预防与康复、运动处方等体育基础理论教学是十分重要的，这不仅能够提高学生的体育综合素养，让学生在运动中能够尽最大可能保障自己的安全，而且有助于提升大学生适应社会的能力。

2. 创新教学模式，提升学习兴趣

传统的体育教学模式基本上只有三个步骤：先是进行课前准备，比如跑步、热身操；然后在课中进行练习，主要是针对某项体育运动的技能练习；最后进行课堂总结和回顾。所谓动作教学，也就是教师亲身给学生进行示范，然后学生模仿、反复练习，或者让学生自行练习。这种课堂形式比较简单，但是长此以往，体育课就会变得枯燥乏味，失去了它原本多样性、娱乐性的特点，导致越来越多的学生不爱上体育课。所以，针对这一情况，高校体育教师必须创新教学模式和教学方法，要注意考虑学生的实际感受和内心诉求，提高教学内容的吸引力。比如五十米短跑是体育课运动项目之一，但是跑步本就是一个枯燥乏味的过程，再加上五十米短跑对学生的爆发力、耐力都有一定的要求，所以很容易使学生产生厌倦和畏惧的心理。因此，教师可以把五十米短跑训练和体育游戏结合起来，增加体育活动的趣味性、激发学生的兴趣，让学生能够积极主动地参与训练，并得到体育技能和身体素质的综合提升。

第二节　高校体育教学的特点

一、高校体育教学过程中的规律

（一）学生身心发展的特点

学校体育教育的主体是学生，所以体育教学必须遵循学生身心健康的发展特点和规律。高校学生基本处在19~24岁这一年龄段，这一阶段的学生身体发育已经十分成熟、身体各项机能处于较高水平、身体素质较强，尽管如此，由于长期缺乏科学合理的体育锻炼，仍有很多大学生身体素质不佳。而在心理方面，大学生虽然已经成年，但由于长期生活在校园，缺少社会阅历，其心理素质的发展并不理想，心理成熟赶不上生理成熟是大学生中普遍存在的现象。所以，高校体育教师要根据大学生身心特点来设计出适合他们成长规律的教学方法，并结合学生在体育课堂上的实际表现情况来对教学方法进行改善，争取使体育的教学目标和教学内容能够符合学生的身体适应能力和生理体质状况。

（二）教授和学习的辩证统一

要想达到更好的教学效果，就必须协调好学生学习和教师讲课之间的关系，二者相互联系，缺一不可。体育教师在课堂设计的过程中，需要花费更多的时间精力，从关注学生的认知水平和兴趣爱好开始，在体育教学中调动起学生的积极性和学习热情。只有学生和教师的共同努力才能更好地完成教学任务，才能为达到良好的学习氛围提供条件。

（三）教学内容和任务的有机整合

教学内容和教学任务之间既有区别，又有联系。教学任务实际上等同于教学目标，是需要体育教师完成并完善的主要依据和方案重点，而教学内容更侧重于体育教师的实际教学效果。体育教师要想完成有关的教学任务需要借助教学内容来实现，这就要求有关教师在设计教学活动的时候要考虑到可能出现的突发情况并给出解决措施，在教学内容开展的时候也要贯彻教学任务，以此来达到二者相辅相成的效果，改善原有的教学环境，共同促进体育课程的整体教学效果。

二、当前高校体育教学的新特点

（一）课程目标体现"三育"特点

1. 健康教育

体育教学最根本的目标就是促进学生的身心健康发展、培养学生体育锻炼的习惯、帮助学生养成健康的生活方式。所以，高校体育教学的主要目标就是健康教育，这要求体育教师在教学过程中要向学生传播健康知识，利用一切资源和条件给学生构建健康环境，让学生能够更好地接受健康教育，从而为学生未来的人生发展奠定良好的基础。

2. 素质教育

社会的发展推动着教育的进步，在人才竞争越来越激烈的背景下，素质教育成为重要的教育理念。素质教育提倡摒弃以往的应试教育观念，把教育教学的重心从提高学生成绩转移到提高学生的知识、能力和品质上来。而素质教育不仅仅与文化课有关，与体育课也存在着非常紧密的联系，所以素质教育同样是当前高校体育教学的重要目标。在素质教育理念下，高校体育教师必须深度贯彻落实以人为本的原则，围绕学生的兴趣、需求和能力来展开体育教学，让学生真正做课堂的主人，帮助学生更好地吸收知识和技能，并能得到心理上的满足，得到综合能力和素质的提升。

3. 终身教育

体育教学与其他文化课、专业课不同，其他课程一般是为了帮助学生完成某一阶段的学习任务，而体育这门课程虽然也有阶段性，但是它还考虑学生未来的、长远的、终身的发展，也就是致力于培养学生的终身体育意识，让学生在将来走出校门后，依然能够自觉关注自身身体状况，自觉参与体育运动。[①] 为了达到这一目的，终身教育成为高校体育教学的重要目标。所以，作为高校体育教师，除了带领学生展开课程学习外，还要在教学期间通过组织比赛等多种方式来培养学生的体育爱好，让学生深刻感受到体育运动对自身的好处，从而培养学生体育运动的习惯。

（二）课程结构体现"两化"特点

1. 完整化

所谓课程结构的完整化，并不是指教师对体育教学内容的拓展和丰富，而是

---

① 王苏辉. 浅谈我国大学体育教学的新特点 [J]. 湖北体育科技，2010，29（4）：488-489.

指课程的综合化。所谓课程的综合化，就是要求教师对体育课程进行深度挖掘，在教学过程中体现体育课程的多样性和社会性，同时能够反映高校体育与健康教育的完整性。为了达到这一要求，高校体育教师必须根据实际学情来制订教学计划、优化教学结构，为体育教学活动的开展做好充足的准备。

2. 趣味化

为了让学生能够充分感受课程趣味所在、激发学生参与体育课程的积极性，就要求在教育新时期，高校在开展体育活动时，要让课程结构趣味化开闸。这就要求体育教师改变过去偏重运动技能的课程结构设计，将课程设计从单一中解放出来，既加强体育课程与社会的联系，又将体育课程设计与学生的学习兴趣相联系。

第三节　高校体育教学的功能

一、强健身体功能

健康的身体是学生学习知识和参与各种活动的基础和根本，没有健康的身体，一切教学活动都无法正常开展，学生和学校的发展也就无从谈起。因此，提高学生的身体素质至关重要。体育教学最基本的目标就是教会学生各种体育技能，并引导学生养成良好的锻炼习惯，使学生具有强健的体魄。因此，强健身体功能是高校体育育人功能的重要内容。一方面，高校体育向学生传授各种体育技能，如球类、田径类、舞蹈健身类等，内容丰富、形式规范的体育教学不仅可以使学生在运动时有更多的选择，还可以使学生的运动更加专业，提高运动的安全性和趣味性；另一方面，高校体育教学可以很好地培养学生的运动意识和锻炼习惯，引导学生树立终身体育思想，不仅可以使学生强健体魄，还对学生今后的学习和工作有积极的影响。因此，强健身体是高校体育育人功能的基础和核心。

二、德行规范功能

高校不仅是向学生传授专业的知识和技能，而且思想品德和言行规范教育也是高校的重要教育内容。为实现这一教学目标，高校除了开设相关的思想政治教育课程外，体育教学也是促进学生品德形成和言行规范的重要途径。这是因为，高校体育教学中包含大量的德育因素，如公平公正、正当竞争、遵守规则、集体观念等，这些因素可以很好地引导和约束学生规范其思想和言行。[①] 一方面，体育

---

① 王子贤. 新时期彰显高校体育文化育人功能的探索 [J]. 石油教育，2016（2）：47-49.

项目的规则性和教师教学的规范性可以很好地培养学生遵规守纪的意识，教师要引导学生在体育运动中认同规则、遵守规则，并将规则意识延伸到日常生活和学习中，这会对学生行为规范的养成大有裨益；另一方面，体育教学中蕴含着大量的道德行为准则，如体育活动和比赛要公平公正、反对不正当竞争等，这些原则对于学生的思想品德和日常行为有很好的影响和熏陶作用，有利于学生养成优良的道德品质。

三、脑力提升功能

在学生的日常学习中，脑力劳动占据主要地位，很多学生缺乏运动，再加上学业压力较大，导致学生处于亚健康状态，影响了学生的脑力发展和思维活跃度，学习效果得不到保证。因而在高校体育的育人功能中，促进脑力提升的功能不可忽视。首先，体育运动可以很好地将身体各器官调动起来，强化各器官的功能。体育运动可以有效刺激大脑活动，消除脑力劳动后的疲劳，提高学生思维的灵敏度和均衡性。其次，高校体育教学中各项体育技能的掌握也需要学生不断思考和练习。另外，体育活动、竞赛等都离不开思考和实践，脑力在体育运动中的重要性不言而喻。因此，学生在体育运动中不仅可以锻炼身体，还可以开发脑力，进而使学生的思考能力、观察能力、反应能力、创新能力等都得到有效提升。

四、激励引导功能

学生要实现全面发展，不仅要有专业的知识和强健的体魄，还要有健全的人格和健康的心理，这就要求高校重视学生的心理健康。而高校体育教学可以通过激励和引导很好地促进学生的心理健康，这也是高校体育育人功能不可忽视的内容。首先，学生经常参加体育运动可以放松心情、舒缓身心，减轻学习产生的压力和焦虑感，大大降低了抑郁发生的概率。学生在体育活动或竞赛取得好成绩后，会大大提升自信心，生活和学习的幸福感自然也会增强。其次，体育运动需要坚强的意志和拼搏精神，学生在锻炼或比赛中，只有坚定意志、坚持拼搏，才能取得良好的成绩，从而很好地锻炼学生的意志力。同时，体育比赛必然会有输赢，这对学生抗挫折能力和心理承受能力的提升大有裨益。因此，体育教学有利于激励和引导学生面对一切困难，促进学生身心健康。

第四节　高校体育教学的目标

高校体育教学目标与教学价值直接相关，系统地参与体育学习，能够对大学生的运动技能、品行教育、德育和精神意志等培养产生一系列的积极影响。目前大学生参与体育学习的主要目的是健身，部分大学生也希望通过体育教学实现健心、立德等其他目标。因此，以正确视角完整解读高校体育教学的多元目标，对实现最佳育人成效有重要作用。

一、基础目标：强身健体

体育是全面提升学生体质健康水平的基础载体，强体是体育学科的基础功能，也是学生系统化参与体育学习的首要目标。从高校体育教学的定位看，通过面向不同大学生开展差异化、针对性的体育教学，能够使大学生的体质健康水平得到有效提升。同时，当前开展高校体育教学时，按照大学生成长规律、体能负荷等标准制定体育教学方案，对大学生的体质健康状况进行动态追踪，为大学生实现健康成长提供了科学、有效保障。此外，强体目标也包含提升大学生的体育技能水平，使其掌握体育技能等内容。通过开展系统化的体育教学，有助于大学生发展体育兴趣，形成健康体质和良好体能素质。

二、重要目标：铸造品格

铸品是体育教学的核心功能，也是体育教学的重要目标。品行是一种内在修养，是自我约束与规范行为举止的重要体现。大学生通过参与体育学习，能够强化自我约束，实现从外在行为到内在心理的一致提升。同时，体育教学具有极强的实践特征与示范效应，在开展体育教学过程中，评比先进模范、树立典型榜样，能够对大学生的行为举止产生直接影响，有助于大学生见贤思齐，锤炼个人积极品行。

除此之外，体育课程最特殊之处在于它以身体练习为主，所以在学习过程中，对学生身体的力量、速度、耐力等品质有着较高的要求。而通过长期的学习和科学的训练，学生身体各方面的素质都能得到提升，这对培养学生坚韧不拔的品格和毅力具有重要作用。

三、关键目标：立德树人

立德树人是体育教学的灵魂，也是全面延伸体育教学价值的关键目标。大学生在参与体育教学活动时，体育教师通过挖掘体育学科中蕴含的德育元素，并结合大学生实际进行合理引导与专项培养，能够使体育规范、道德体验有效转化为大学生的内在道德品质，使大学生在参与体育教学的过程中体验德育，提高个人德育认知水平。此外，在当前推进体育课程思政进程中，除了要做好强体育人，更重要的是挖掘体育课程中蕴含的团队协作精神、德育情感等内容。通过体育教学的竞赛、实践等多种情景，使大学生直观感受和体验道德理念，打破传统德育模式的束缚，为实现立德树人目标提供重要支持。

第二章 体育强国与高校体育教学

体育强国是新时期我国提出的体育工作发展的重要目标，这一目标的实现对我国国民身体素质的提升及我国综合国力的提升都具有深远的意义。青年强则国强，青年大学生是未来社会的中坚力量，是实现中华民族伟大复兴的主要推动者。所以，高校体育教育的发展极为重要，在实现体育强国目标的过程中将发挥重要的价值。

本章为体育强国与高校体育教学，主要分析体育强国的基本内涵、体育强国的现实环境、高校体育教学的现状，以及高校体育教学的改革与发展。

第一节 体育强国的基本内涵

一、体育强国的相关定义

所谓体育强国，实际上就是加强对体育事业的建设、增强全民体质，将各项体育运动项目发展于大众、过渡到社会、渗透于学校，让国人传承和弘扬体育精神，要让国民体质相比于其他国家来说处于国际领先水平。

体育强国最早出现在 1983 年，伴随着我国体育事业的不断发展与成长、社会体育产业与社会经济等方面的不断进步，对"体育强国"的评述与特点、定义等各有其说，也有不同的发展变化

国内专家的科研观点认为"体育强国"的内涵包括两点：一是要实现振兴中华民族伟大复兴的中国梦，在明确体育强国战略发展与建设的基础上，可持续地发展各项体育运动项目，使国家竞技体育更加强大、使体育产业的发展更为突出、使体育文化的弘扬更加健康有力；二是从系统的观点出发实现体育强国的发展战略，体育就像一个大的能量环，在大的能量环中包含了好多小分子能量，好比在大系统中包含了好多小的子系统，只有子系统之间的运转和机制的完善及发展是强大的，才能使大系统更好地发挥其强大的作用与功效。

体育事业的大力发展应该体现在群众体育、竞技体育、体育产业、学校体育

等方面，以基础、竞争、带动、培养等手段提升国家的体育综合实力，在"全面、协调"中突出体育强国的"强"，而各种体育赛事的共同发展才能体现出体育的"全面"，学校和社会体育事业的发展之间共同依存、相互促进才能体现出体育之道的"协调"。

体育强国的定义可以衍生为：以竞技体育为先导作用，以社会体育和学校体育为基础，将体育事业领域的各项体育项目进行完善和提高，将国家竞技体育总水平提升为世界一流，将国民素质提升为世界前列。

二、体育强国的发展目标

不同国家体育发展的目标不同，同一国家在不同的发展阶段，其体育发展目标也是不同的，呈现动态变化的特征。一个国家需要综合考虑本国当前的政治、经济和文化发展现状，才能界定自身体育强国地位的指标体系。当前时代背景下，我国对体育发展的需求如表 2-1 所示。

表 2-1　体育强国衡量指标及释义

发展指标	指标释义
全民健身	推动社会公共服务与智能化发展
职业体育	增强竞技体育实力，争取国家荣誉
体育产业	加速体育产业培育，打造发展新动能
体育文化	丰富体育文化产品，弘扬民族体育精神
国际体育	加深国际体育交流，发挥外交影响力

如表 2-1 所示，5 项发展指标影响公共服务体系建设、新旧动能转换、民族文化发展等领域，支持"一带一路"倡议、"一国两制"国策的有效推动，涵盖国家、社会发展的诸多方面。体育强国应当具备打造国民优良体质的必要条件，自身竞技体育与体育产业发达，通过体育活动有效加强精神文化建设与内外交流等特征。

第二节　体育强国的现实环境

一、体育强国视域下我国体育事业的现状

从体育强国的内涵来说，如果仅仅是从体育竞技的角度来衡量一个国家体育事业的发展水平是失之偏颇的，必须从多个方面综合进行评价。我国之所以能够在竞技体育方面取得较好的成绩，主要在于"举国体制"与"奥运争光计划"，

所以国家对竞技体育的投入远远大于对群众体育的投入，这也就造成了我国竞技体育和群众体育发展不均衡的问题。此外，我国体育产业规模较小，整体结构存在很多不足，同样有发展不均衡的趋势，所以对社会经济发展的推动作用较弱。

因此，我们需要从竞技体育、群众体育和体育产业三个方面出发，来分析我国体育事业的现状。

① 竞技体育。近几届奥运会我国所获金牌数量始终保持在世界领先地位，占据很大优势，可见我国已经具备成为竞技体育强国的资本，并且这一认知已经成为国内外的共识。①

② 群众体育。我国国土面积十分辽阔，而且各地资源分布存在较大差异，所以各地的经济发展水平是不同的。自改革开放以来，我国在投资、财政及金融方面的投入，都偏向东部沿海地区，这进一步拉开了地区发展的差距。除此之外，偏远地区与城市相比，也是城市群众体育发展的机会更多、优势更大。

③ 体育产业。受多方面因素的影响，我国体育产业的起步较晚，但是我国体育产业的整体发展速度较快，并且近年来随着我国体育产业规模不断扩大，所涉及的领域也不断拓宽，整体的体育产业效益在稳步提升。尽管如此，我国体育产业发展过程中依旧存在很多问题，需要得到解决和完善。

从整体来看，目前我国体育事业发展正逐渐推动我国向体育强国迈进，但其中因为群众体育事业方面的发展薄弱，也成为制约我国体育强国建设的主要因素。可见，要想建设体育强国，一定要基于目前我国竞技体育强国的基础大力发展群众体育，并且积极构建体育服务体系，保证群众在体育方面的权利公平，尽快实现体育强国建设的战略目标。

二、体育强国视域下高校体育育人环境建设中存在的问题

（一）体育育人环境建构在制度层面相对滞后

近年来，高校体育育人的内涵日益丰富，但是在具体的课堂教学实践中，还是以传统的理论灌输和技能示范为主，没有树立"大体育"的育人观念，这显然不利于学生体育学习热情的激发及体育学科核心素养的培养和发展。从高校体育的育人方式和制度上看，由于对教学环境的隐性教育作用重视不够，因此，教师实施的多是常规性的教学活动，学生的学习过程则相对被动和机械，尤其是一些体育技术动作的一招一式更是经久不变的，容易让学生成为被动学习与训练的"机器"，很难实现学生在个人意志力、体育情感、健康信念等方面的素质的有效培养。

① 冯华. 体育强国视域下我国体育事业现状及发展对策探究 [J]. 当代体育科技，2019，9（13）：9-10.

此外，体育育人环境构建在制度层面的缺失或滞后，不利于体育隐性教育的渗透和育人工作的改进，从而会在很大程度上压制学生体育学习的积极性和主动性，阻碍了体育育人环境的内化过程。

（二）容易受到外部大环境的冲击和干扰

高校体育育人环境的构建及育人作用的发挥，在很大程度上依赖于体育育人环境中的文化因素，但是体育文化因素的育人作用不能独立存在，必须依赖于一定的体育物质载体和客观环境才能发挥育人作用。因此，社会大环境很容易对高校的体育育人环境产生影响和冲击。尤其是在新媒体时代背景下，学生很容易接触到形形色色的信息，影响着学生的思想价值观念，这必然会对体育文化环境的"内化"作用和"外化"职能产生或大或小的影响。尤其是社会大环境和网络环境下的一些负面信息，很容易造成学生在体育育人环境下的选择困惑，他们要么在负面信息的影响下摇摆不定，要么对体育文化的育人作用产生抵制，最终导致了个人体育行为上的偏差。例如由于社会上功利思想的影响，一些学生容易出现"追随"和"趋利"心理，这可能会造成高校体育育人作用失灵。又如网络游戏对年轻人的吸引力非常大，一些网络游戏对学生的体育健身行为形成了替代作用，在同时面对校园体育活动和网络游戏时，很多学生会选择后者，这与体育文化和体育育人环境建设的滞后有很大的关系。

（三）体育活动主体错位

高校体育育人环境对学生综合素质培养的促进作用，在很大程度上取决于学生对体育育人环境中文化元素的吸收、筛选、消化和应用。因此，无论是体育教学活动还是学生在体育育人环境下的行为改进，都需要充分保障学生在体育活动中的主体地位。但是由于高校体育教学的授课时间相对有限，体育育人环境建设的投入也相对不足，因此，可供学生体育学习和自主活动的空间也会受到一定的限制，这时学生对体育教师的教学活动就会有较大的依赖，个人在体育课堂上的主体地位也容易受到削弱。当学生在体育育人环境下的主体地位受到削弱时，往往会形成一种单向育人模式，学生的积极性和主动性会受到较大的压制，体育育人环境的内化作用也就很难有效发挥出来，对于学生个性化素质的培养也是相对不利的，最终会影响学生体育品德、意志品质及良好行为习惯的系统养成。

（四）体育教师的育人素质有待提升

基于高校体育的综合育人功能，很多高校在体育教育资源的建设上，已经开始重视育人环境的构建工作。但是，由于受到体育教师教育理念、育人方式、教学能力等多种因素的限制，体育育人环境建设的成效还有待进一步提升。如有的体育教师制定的体育育人机制不够完善，学校和教师过于重视学生体育技能的掌握情况，导致学生在体育运动中过于重视考核成绩，无法体会到体育运动的乐趣，这都不利于体育育人功能的发挥。同时，有的体育教师认为，体育课程的教学地位弱于专业课程，所以对体育课程教学不够重视，也不够重视自身体育教学能力和育人素质的完善，很大程度上制约了高校体育教学质量的提升。

三、高校资源对实现体育强国的价值

（一）高校的创新优势可激发体育可持续发展的新动力

中国体育已经发展到了一个前所未有的高度。但总体而言，这一辉煌历程的发展动能基本还是依靠大量资源投入和社会成本来换取的，这一点与中国经济快速发展的条件与状况尤为相似。而为与中国经济发展模式转型相适应，体育也必须摒弃过去那种单纯依靠资源投入驱动的发展模式，转为依靠创新引领，将科学、知识、技术、人才等要素作为发展动力，从而实现体育的高质量发展，进一步深入贯彻落实党中央和国务院针对体育工作提出的一系列重要指示和要求[1]。但要实现体育发展动能的转换，就一定要发挥高校的学科和专业优势，坚持以创新思维引领体育改革与发展，培育壮大体育可持续发展的新动力。概括而言，竞技体育的训练理念和运动技战术都需要创新与传承来提供驱动；基本公共体育服务的信息化建设同样需要创新组织方式和现代化服务模式；体育产业品牌的塑造、智能化的发展更需要理论与实践创新来引领。而由于高校具有智力密集的天然优势，注定能为中国体育事业发展提供创新源泉和动力。

（二）高校的人才优势可推动体育事业全面可持续发展

无论是转换体育发展新动能还是实现中国体育高质量发展，人才都是第一位的，只有依靠人才，才能为体育发展提供充实的后劲和坚实的支撑[2]。而人才培养作为高校的首要任务，正为体育事业可持续发展提供了条件与可能。因此，落实体育强国战略，必须把培养高素质复合型体育人才摆在更加突出的战略位置，充分利用高校人才集中的优势，不断壮大体育发展的人才支撑。一方面，一些体育专业院校充分发挥其学科和专业优势，根据体育发展的需要统筹优化布局竞技体育、群众体育、体育产业等各类人才培养工作，既不断扩大人才规模，又切实提高人才队伍可持续发展质量；另一方面，综合性高校也充分发挥学科门类齐全的学科优势，聚焦国家重大体育战略发展导向，营造高水平的科研团队与服务平台，

① 宋顺，李钢. 新时代背景下中国体育产业发展的内生动力研究 [J]. 山西大同大学学报（自然科学版），2018，34（6）：86-89.
② 冯庆雨. 新时代习近平体育思想研究 [J]. 体育科技，2018，39（6）：39-40.

打造高校特色体育人才链，为体育事业可持续发展贡献智慧。

（三）高校的公共服务优势可弥补体育场馆供给的不足

与大多数竞技体育训练场馆远离中心城区有所不同，新时期高校作为城市的名片，对城市的地位和影响都发挥着不可替代的作用。尤其是在新型城市化人口的增加引发体育消费人口需求增长的背景下，高校得天独厚的自然环境有着较大的开放需求和便利。国家对高校体育场馆的投入很重视，因此大部分一流的体育场馆设施都在高等院校，而且场馆配套也很齐全，具备一流体育师资、一流的服务等优势，对服务社会体育产业、服务健康中国具有较大的优势。但多年来受多种因素的影响和制约，高校体育场馆设施开放率一直不高，这也是制约当前公共体育服务供给的难题。例如场馆开放的时间难确定、面向开放的对象难分类、突发事故的责权难划分及做好服务的工作人员难保障等问题，这些问题通过高校的创新能力都能一一解决，从贯彻国家健康发展战略的角度来提高服务社会的认识；从优化管理来解决开放过程中统筹协调的难题；从创新体制机制来推动权责、经费和考核上的改革创新，保证场馆开放后能够顺畅运行。

（四）高校的对外交流优势有助于提升我国体育文化软实力

与世界各地组织和机构加强国际交流与合作，已经成为全国各地高等教育发展的一个重要趋势。在这种国际交流与合作中，高校也逐渐成为我国对外宣传与文明展示的窗口。高校可以充分利用学术研究交流、体育竞赛交流、高访学者交流、学生活动交流来促进文化的交流与合作。通过高校对外交流这一路径，大大促进国内体育文化向外传播。虽然现代体育起源于西方，但中华人民共和国成立70多年来，中国体育以独特的制度优势走出了一条独具特色的社会主义体育发展之路，这一道路对世界各国与人民也是一种借鉴和参照。而通过高校的对外交流与合作优势，将中国体育成功的元素和独有的特色传递给世界各国，不仅对丰富现代体育文化具有积极的促进作用，更为关键的是，通过这种中国体育文化的对外交流与输出，也可以把独具中国文化特色的民族传统体育项目向外推广，这对提升我国体育文化软实力和体育话语权、加强中国文化自信都具有重要的现实意义。

四、体育强国视域下高校体育发展的实践路径

（一）以"终身健身"为旨

"终身健身"思想是一种全新的体育观念，对高校体育改革影响深远。高校应充分意识到体育教育是人才培育的基石，体育教育重视学生体质健康、真正实

施素质教育，打破了以升学为目标的应试教育体系的历史局限。高校体育改革要立足现实、放眼未来，以终身健身思想为指导，增强学生的健康意识，促使其能独立自觉地坚持体育锻炼，视健身为一生中必须坚持的良好习惯。高校还应当着重培养学生的社会适应能力，引导学生积极参与体育运动，有效提高运动技能和身心素养。把学生运动技能的传授与体育文化的传承、终身健身的习惯有机融合，从而体现体育教学对学生全面发展的多元价值。

（二）加强教学创新

高校体育教学应增进师生互动和内容革新。首先，将学生课外体育活动纳入体育素质考核体系中，将考核项目从原有的课堂内容延伸到自发的课后运动，将健康意识渗透至学生日常生活；其次，应鼓励体育教师走出课堂参加新型体育项目的培训，并在教学中渗入课外体育常识与技能教育，循序渐进地实现体育教学课内外的互联互助；最后，高校要善于引进优质的体育资源并配备丰富的健身设施，大力增设校园健身房，为学生开展课外健身活动提供充盈条件。

学生通过自主锻炼能逐渐培养运动兴趣和阳光心态，形成终身体育习惯并拥有极佳的身心素质，使内化教育的效用得以发挥。高校应实现体育教学与健康教育的有效契合、注重学生个体兴趣和主观能动性的激发、营造轻松活跃的体育氛围，促进个性化体育教学的发展。

（三）营造优秀体育文化

促进大学生体质健康是高校体育改革的终极目标，也是"终身健身"理念的内在要求。这需要学校各个部门的协同共治，营造浓郁的体育文化、构建"校园全民运动"的和谐环境、形成健康促进长效机制。高校行政部等管理部门应提高对大学生体质健康管理的关注程度，应定期邀约健康管理学专家和知名健康人士，举办启发性运动课程与健身课堂，指导学生正确践行。体育部应鼓励大学生积极参与并自主选择，参与者既可通过动态瑜伽、静态冥想、HIIT训练、有氧运动等释放身心，也可根据兴趣爱好组织运动社团并勇于拓展新型运动项目，如微信步数捐赠公益活动、野外徒步游走、定期越野骑行、组队爬山活动等。

在活动中建立激励性健康奖励机制，以带动全校学生积极参与，自然而然形成的运动团队可一直维系到毕业乃至工作后，形成以校友社团为单位进行体育锻炼的终身习惯，塑造可持续发展的健康环境。

（四）加强信息化体育管理

高校应善于借助互联网的信息优势，通过学校官方微信、微博、健康网站等传递体育文化和健康精神，在实践中促进体育教学和互联网的有机融合。

高校体育教学需加强网络服务建设，实现科学高效的大学生体质健康管理。随着信息化社会的不断发展，网络信息化服务广泛应用于健康管理领域，为大学生体质健康管理向专业化、科学化方向发展提供技术支撑。开发建设以"互联网＋"为基础的大学生体育管理信息服务平台，利用网络收集并整理大学生体质健康信息和体育运动信息，实时反馈，营造线上、线下相结合的动态、全面、专业、科学的管理体系。同时加强体质健康管理与体育教育平台的开放性，通过数据共享实现学校、家庭、社会机构三方信息互通有无，形成高校体育改革与学生健康相促进的动态良性机制。

第三节　高校体育教学的现状

一、高校体育教学现状分析

（一）体育学科的受重视程度

大部分高校的体育课都在学科课程中处于劣势地位，学校及家长都片面重视智育，即重视文化课程，而轻视甚至是忽视体育学科。造成上述现象的主要原因是，无论是家长、学生、体育教师还是学校相关领导，都对体育教育的价值了解不够，只是停留在浅层次。再加上外在环境的作用，即在升学竞争压力的影响下，无论是学生、家长、学校还是教师都会将精力放在所谓的主科上。这就导致学生会因为繁重的课业任务，无暇参与体育训练。此外，由于学校相关领导不重视体育学科，因此对体育的经费投入也很有限，这在很大程度上造成很多体育项目无法顺利开展。

（二）体育训练的相关设备

大部分参加体育训练的学生都是专门接受体育训练的特长生，他们长期接受体育方面的专业训练，具备较高的体育水平，会代表学校参加各类体育比赛。由于这些体育特长生参加的比赛多比较专业，所以需要持续进行训练，以此来不断提升自身的体育水平，以取得更好的成绩，因此对于体育设备的要求也相对更高一些。但是现实却是，目前大多数院校在体育设备配备这方面做的工作还不到位。例如有些学校的运动跑道是煤渣铺成的；有些学校的体育设备不仅不全，还已经遭受损坏，不能维系正常的体育训练活动。上述这些问题除了不能为正常的体育训练活动提供保障外，甚至还会给学生的安全带来隐患。

（三）体育竞赛的公平性

体育竞赛的初衷是通过体育运动彰显人类的体育精神,挖掘人类身体的潜能。学校组织体育竞赛在追求以上目标的同时,也希望借此机会加强学校间的交流与合作,提升学生的体能、促进学生全面发展。但是事与愿违,部分师生在虚荣心的影响下弄虚作假,以此来达到赢得胜利的目的。这样的行为不仅破坏了体育竞技精神,还无法真正达到提高学生身体素质、强化学生心智的目的。另外,这种过分追求成绩,为了达到目的不惜暗中操作的行为,还可能会打击到一些真正遵循规则、热爱体育的参赛选手的积极性,从长远来看是不利于体育事业的发展的。

二、高校体育训练现存问题

体育训练是高校教学中的常规科目,该科目设置的目的在于增强学生体质、磨炼学生的意志。但在了解当前高校体育训练现状后发现,仍存在许多不足之处有待改善,因此下面将对高校体育训练中现存的不足之处进行分析。

（一）体育训练形式化严重

大部分高校虽然有体育训练课程,但在实际落实中仍存在许多问题,一部分高校以体育训练的名义缓解学生的学习压力,给学生提供独自活动的时间,训练内容的布置较为随意,没有目的性,也缺乏趣味性。还有一部分高校在实施体育训练时内容枯燥乏味,难以激发学生的体育训练热情,导致学生对体育训练的主动参与度极低。这种只重视课程形式、轻视训练内容的体育训练方式,如同一个恶性循环,不仅对提高学生的身体素质毫无作用,而且还会使学生产生抵触情绪,导致学生更加排斥体育训练。因此,在体育训练中应改正重形式轻内容的训练方式。

（二）体育训练重技能轻体能

部分高校为了突出体育训练效果,在训练中增设了较多的项目,让学生掌握多种体育运动技巧,却不重视学生的体能训练。这种体育训练方式是一种"本末倒置"的方式,虽然学生看似掌握了较多的运动项目,对多种运动有所了解,但如果不通过训练,就难以领会其中的技巧运用,只是理论上的理解,而无法在实际运动中有效运用。另外,在所有运动中,运动者的体能是基础,没有充沛的体能作为依托,即使了解再复杂的运动技巧也难以施展。而对于体能训练,在高校体育训练中并没有得到足够的重视。一些教师在体能训练中只是监督学生是否完成运动量,是否达到教学目标,没有真正认识到体能训练对体育训练的意义及体能训练对提高学生体质健康状态的意义。

（三）体育训练内容局限性强

对于国内大部分高校，体育训练只是一项对学生升学没有较大影响的科目，在校内进行体育训练已经足够，不需要增加额外的体育训练内容，避免占用学生的课余学习时间。所以大部分高校未对体育训练的课外拓展内容加以补充，这对学生长期体育运动训练习惯的养成及体育运动爱好的培养都是不利的。因此，校方应对课外体育训练内容加以拓展，在此方面进行改进。

（四）体育训练设施老旧

体育训练不仅是跑步、跳远这些基础性训练，还需要一些科学合理的器材和设施来辅助。由于校方在体育运动训练重要性方面的认识不足，对校内体育运动训练设施及器材的更换及配置不够重视，部分运动训练设施老旧，甚至缺乏个别项目的辅助运动训练器材，造成部分运动项目的训练难以进行，这在很大程度上影响了高校体育运动的训练效果，也限制了高校体育训练的发展，因此校方应对此加以改进。

（五）体育教师综合能力不足

高校体育训练与其他科目的教学同样具有专业性，所以，作为体育教师，也必须加强学习，具备较强的专业能力，并熟悉多种体育运动。当前大部分教师都能掌握若干项运动技巧，但对由于运动不当带来的伤害了解得不充分，教学存在盲区，学生容易在体育训练中受伤。且大部分教师对体育训练的目的认识不清，只重视学生在体育运动方面取得的成绩，导致学生产生了较大的压力，开始抵触体育训练。因此，体育训练教师应从专业能力、心理认知等多方面提升自己的综合能力。

三、高校体育教学中学生的学习现状

（一）学生身体素质不断下降

在高校体育教学实践中可以发现，学生的身体素质呈下降趋势。这也是当前高校体育教学改革面临的问题之一。尽管体育课是一门必修课程，但是在初高中阶段，受应试教育的影响，体育成绩长期未被纳入升学统计体系，导致师生普遍对体育这门课程不够重视，很多学生认为体育课是繁重学习生活中用来休息的一门课程。这导致学生没有养成良好的体育运动习惯，对学生综合素质的全面提升造成了不利影响，使体育教学活动受学生身体素质的影响无法顺利开展。

（二）学生的体育运动需要未被满足

受当前高校课时编制的影响，多数高校一周只为学生安排两个学时的体育课程。由于时间过短，难以有效帮助学生提升运动技能和身体综合素质，无法适应当前高校体育教学改革的需要。

（三）学生对于体育课缺乏兴趣

在长期接受教育的过程中，学生已经熟悉体育课所教的体育运动项目，体育教学内容存在重复性，无法激发学生的学习积极性，对高等学校体育教学改革造成了不利影响。高等学校的学生大多已经成年，身体也已经发育成熟，这一阶段进行体育训练难以取得理想的教学效果。

第四节　高校体育教学的改革与发展

一、新时期高校体育教学课程改革探讨

高校体育课程是由教学管理、教学模式、教学内容、教学方法、教学评价等多方面因素构成的系统整体。只有对这些因素实施全面改革，才能促使教学改革的目标得以实现。

（一）高校体育教学管理的改革

管理是"基石"。各个学科要想提高教学质量，必须实行科学有效的教学管理。因此，高校体育教学的改革与创新，教学管理占第一要位，现代科学的管理理念和思维方式是第一要义。不管是从高校现今的发展状况还是从长远的发展前景来看，传统的教学管理思维和模式已经与时代发展的需求不相适应，高校必须摒弃传统的管理理念和落后的思维方式，尤其是高校管理层面，要加强对先进教学管理理论和先进管理经验的学习，以现代化信息技术为辅助和载体建立体育教学管理的信息系统，促进体育教学管理水平和体育教学质量的提升。教育行业整体上良好的改革创新环境和完善的绩效考核与目标管理体系是实现教学管理提档升级的有效助推器。而单凭高校在内部管理上实施改革和创新，改革收效甚微，难以达到预期效果。高校还应积极协调教育、人社等相关部门，努力创设支持教学管理改革的外部环境，用一套切实可行、保障完善的教学管理体系武装整个教育教学系统。

（二）高校体育教学模式的改革

新课改在体育教学上的有效实施较多地体现在教学模式的创新与发展上。高校体育教学长期以来实行的是选项课制、主副项制，由于这些教学模式在教学中较少考虑学生对运动项目的兴趣，忽略了大学生运动技能与能力形成的一般性规律，现今的体育课程设置并没有真正适应大学生的体育学习需求。高校的体育教学课程改革实践，应该建立以学生为本的教学理念，重新构建高校体育教学模式，在保持基础体育课堂运动的基础上，通过组建体育项目俱乐部、开拓第二课程等模式，使大学生参加体育锻炼和体育竞技活动的兴趣得到有效激发。在操作环节上，高校体育教师只要秉持学生为本的教育理念，在俱乐部组建、第二课程开设及其他教学模式创新上就会有很多文章可做。比如俱乐部模式就应该是大学体育教学模式中的一个非常有益的改革尝试，大学生可以按照自己感兴趣或者擅长的体育项目去选择不同的俱乐部参加体育锻炼。这种模式不仅可以激发大学生参与体育锻炼的兴趣，而且对培养大学生的竞技意识、团队协作意识具有很强的促进作用。另外，以兴趣爱好为基点的学习方式对培养大学生终身运动的认同感也很有帮助。因此，俱乐部或者"基础＋二课"的体育教学模式是高校体育教学改革的积极探索，有利于高校体育教学目标的实现。

（三）高校体育教学内容的改革

体育教学内容的更新是高校体育课程教学改革的核心内容。新课改条件下落实高校体育教学改革，应该在明确体育课程教学目的的基础上实施教学内容的改革和创新。高校体育课程包含两个方面的内容，即理论课程和实践课程，在理论课程中，高校可以利用现代社会网络信息发达的优势特点，充分运用新媒体手段，将积极向上的健康知识、拼搏进取的竞技理念融于理论教学中。在实践课程中，鉴于高校普遍推行的体育项目难以满足大学生的多元化需求，所以高校应该充分考虑学生的兴趣爱好，科学地选择体育项目，扩充体育教学的内容，通过多元化的教学内容唤起学生的兴趣，促使学生尝试和体验那些超出自身认知和实践的体育项目，从而在自己今后的体育锻炼上有所侧重地培养。在这样的尝试过程中，学生很有可能发现一项自己兴趣浓厚、能力超常的健身锻炼项目并将其发展成伴随终身的体育项目。另外，高校体育教学内容也不是一成不变、单一趋同的。不同的地域区间、不同的文化背景、不同的教育方针，应该体现不同的特色，即我们所说的因地制宜、因校制宜。尤其是在少数民族区域，那些散发着浓厚地域色彩、民族特色的体育项目，也应该在当地的高校体育活动中被继承和发扬，增强高校体育教学的人文魅力和行为感召力。时代的发展带来了流行因素的变更，现在年轻人追捧的街舞、瑜伽等也是新兴的体育活动，高校在开展体育课程中应该积极吸纳这些新鲜元素，适当调整教学内容，让体育教学的活力尽情展现。

（四）高校体育教学方法的改革

体育课程生动活泼、非一板一眼的教学特点，决定了体育课程教学方法可以是多样的。而大学生的生理和心理逐渐成熟，对于一些问题他们开始有了自己的想法和见解，而且随着年龄和学龄的增长，这种想法更趋正确而稳定。在体育课程教学时，如果按照新课改的要求突出学生的主体地位，建立开放式教学秩序，则教学效果就会远远超过体育教师单纯地进行理论讲授和示范讲解。因此，基于大学生的生理、心理特点，采用探究与合作相结合的教学方法更有利于师生在探讨中碰撞思想火花，有助于学习经验的积累、学生学习积极性的提高。为避免呆板的体育教学，体育教师应当在教学方法上有所创新，并有效运用好信息技术，可以用比赛现场再现的方法向学生展示体育赛事，通过分析体育活动技巧达到课程教学和提高兴趣的目的。教师还可以基于游戏心理学的理念，设计游戏式的体育教学活动，促进学生思维认知和行为发展的培养，使学生的运动潜能在游戏环节中迅速提升，锻炼学生的体育素质和能力。

（五）高校体育训练方法的改革

1. 加强学校领导和家长对体育训练的重视

学校体育要想得到长足的发展，离不开学校领导及学生家长的支持。学校体育教育要想获得更多的经费支持，离不开学校领导的认同。换句话来说，只有在学校领导真正认识到学校体育价值的情况下，才能为体育学科带来更多的资金。除此之外，学校领导应督促体育教师提升自己的能力，并为其提供深造的机会。家长的态度是否配合，在很大程度上决定着学生的态度。原因就在于，学生在这个阶段的世界观、人生观、价值观尚未成熟，深受家长的影响。另外，如果家长对于学生参与体育训练持有肯定或者赞同的意见，则会积极督促学生按时完成体育训练，这在一定程度上可以激发学生对体育训练的动机和热情。针对此，体育教师应该要加强与学校领导、家长之间的沟通，向学生家长及学校领导传输体育理念、体育精神、体育价值等，逐步转变其观念，使其能成为教学活动的助力者。

2. 重视训练方式的科学性

体育教师在安排训练内容时，一定要在遵循体育训练规律的基础上进行，也就是说，教师要充分考虑学生的身心发展特点，有针对性地设计体育训练计划，以此来选择合适的、难度适宜的训练内容。如果训练不得法的话，不仅不利于训练计划的顺利进行、训练目标的顺利完成，还可能会对学生的身心造成一定伤害。

由此可见，选择一种合理恰当的训练方法将是决定整个训练计划能够顺利进行的关键所在。对此，体育教师一定要重视训练方式的选择，以便引导学生在完成训练计划的同时实现全面发展。

3. 教师加强多方面的引导

在体育教学过程中，教师作为主导者，对于整个训练活动的顺利进行具有十分重要的作用。好的教师，不仅可以引导学生顺利完成体育训练，使学生将传承体育精神视为己任，还会健全学生人格，使学生实现身心健康全面发展。此外，由于体育学科和其他学科不同，存在一定的风险性，所以，在体育教学带领学生进行实际训练的过程中，教师还要引导学生增强安全防护意识。这不仅可以帮助学生深入了解生命安全教育的价值和意义，珍惜自己及他人的生命；还可以引导学生坚持"以人为本"的核心理念，将"终身体育"的理念真正落实到日常生活当中。

（六）高校体育教学评价的改革

实施课程教学改革，需以相对完善的教学评价机制作基础。目前在高校中比较普遍和流行的评价方式是师生互评，而且是在每个学期末由体育教师将评价表格分发到学生手中，基本上是主观上的评价感受，流于形式的结果居多，不能有效反映大学生体育素质和能力的提高，更是忽视了对学生积极向上意识和团结协作精神的评价。在这种情况下，师生在互评中会先关注对方对自己的评鉴结果，自然而然在给对方做评鉴时就会以此为参考，这是对思想意识的一大考验，评价与实际存在偏差是在所难免的。同时，这种评价学生更关注学分的方式是以忽视体育教学的真正价值为代价的。要加快高校体育教学评价机制的改革，关注评价过程的科学性和特异性，教师应该合理指导学生的学习，尊重学生的差异性特征。我们以时下风行、大学生喜爱的瑜伽项目为例，男生和女生之间的差别、身体自身柔韧性强弱的问题，都在差异性特征的考虑范围之内。对于身体柔韧性良好的学生，他们较易达到标准，如果在完全相同的标准维度下进行结果评价，显然有失公允。其结果可能就会带来懈怠、厌烦等不同的心理表征，会对双方产生不利影响。在完善体育教学评价改革方面，高校还有一些更加科学的方式可以实行。比如将体育教师编入一个专家团队，专家团队的所有教师可以开展一系列教研活动和评价活动，这样教师评价的专业性和客观性就得到了保障；实施阶段性的评价，对于学生是否在某一发展阶段达成了相应的教学目标，以动态和静态评价相结合的方式来评价，其客观性和准确性也会有很大程度上的提高。再比如在教学评价中引入特色学分制，学生在进行体育课程训练的"基础套餐"之外，又按照学生的特点和特长予以一定的"特色"加分，使评鉴制度更能激发学生对体育运动的兴趣。

二、高校体育教学改革实践所具有的特点

结合目前高等学校体育教学实践的研究可以发现，高校体育教学改革实践具有以下特点。

（一）课程教学内容更加多样化

随着高等学校体育教学改革的不断推行，高校积累了丰富的经验。借助高校体育课程教学实践调查研究可以发现，目前高等学校体育课程教学内容呈多样化特点。借助教学改革的推进，高校增加了很多学生喜闻乐见的竞技运动项目，以配合全民健身运动的开展。部分高校结合中华优秀传统文化，将武术、气功及健美操等融入体育教学中，使体育教学内容更加丰富，学生参与体育课的积极性不断提升。

（二）教学改革形式多样化

为帮助学生适应高校体育教学，激发他们参与体育运动的积极性，高校在进行体育教学改革的过程中，应对课堂教学模式进行不断优化和改进，根据学生的体育运动兴趣分组对学生开展教学活动。高校将形式多样的体育运动项目融入教学活动中，让专业素养高的体育教师指导学生的体育运动。在对学生体育成绩进行评价的过程中，不断加大学生课外体育运动成绩比例。这对于促进学生以更加积极的态度参与体育教学活动有积极影响。

三、高校体育教学改革实践带来的启示

体育教学改革是高校体育教学必须认真对待的一项教学任务。随着高校体育教学改革的不断深入，教学改革成效逐渐显现。对教学改革内容进行总结，得出以下四点启示。

（一）体育教学改革必须考虑学生的特点

高校开展体育教学改革，主要是帮助学生进行体育运动，因此教学活动必须围绕学生开展。高校体育教师要想实现预期的教学目标，就必须结合学生的特点和兴趣爱好来开展体育教学活动。只有建立在这一基础上所开展的课程教学，才能激发学生参与体育学习的积极性。这有助于改变高校体育教师在教学过程中过于重视实践的错误倾向，帮助高校体育教师以客观、理性的态度对待教学活动，

教学过程中要兼顾学生的专业技能培养和体育综合素质培养。教师要借助趣味性、探索性的体育训练项目，激发学生自主学习与训练的兴趣，帮助学生形成自主性体育训练思维，从而高效地开展创新性体育学习活动，帮助学生将体育学科作为终身发展的学科，全面增强学生核心竞争力。

（二）课程设置要紧紧围绕学生的身心发展

高校进行体育课程教学改革，对于课程设置要予以高度重视。高校要紧紧围绕促进学生身心发展开展各项教育改革活动，根据各个年级学生的学习特点，灵活设置不同的教学内容。以培养学生的终身运动习惯和强健体魄为目标开展各项教学活动，引导学生积极参与体育运动，感受运动带给自己的快乐。如此，他们才能更加积极地参与到教学改革活动中来，借助参与运动逐渐形成终身运动习惯。

（三）要认真编写体育教材

尽管体育课非常注重实践，但是在对学生进行教学的过程中依然需要进行大量知识的讲解。认真编写体育教材，将健康教育和体育运动过程中的注意事项等借助教材传授给学生，对于促进体育教学改革具有重要意义。高校要重视体育教材的编写工作，深入对学生体育运动的研究，结合国家对高校体育教学的指导意见编制适合学校体育运动活动开展的教材，帮助学生更加系统、全面地进行体育知识学习。体育教材编写工作对提高学生的综合素质具有十分重要的意义，高校体育教师要对此项活动予以高度重视。体育教学改革对于促进高校人才培养质量的提升有着重要意义，在教学改革中，体育教师要加大对最新体育教学理念的学习，积极借鉴其他高校的先进做法，开展对学生身心方面的细致研究。借助研究活动的开展来对学生进行更加全面的认识，结合学生的兴趣爱好，灵活地为他们设置不同的课程。

（四）学校要增加体育教学投入

高校如果将体育考试融入当前的分数体系中，可以激发学生和学校对体育教学的热情，引导他们重视体育教学。体育考试项目改革后，部分高校适当地改善了体育教学现状，扩建操场、添置体育器材，甚至建设游泳馆，这足以看出高校对体育教学的重视。但是仍有部分高校由于资金短缺，造成体育设施和内容建设缺失。国家与政府应给予学校一定的帮助，带动体育教育的全面发展，提高教育效果。例如在学生上体育课程的过程中，通过设备测量学生的心跳、脉搏及心率等，根据学生的身体素质设定对应的训练项目，使得体育教育具有一定的科学性，进一步提高学生的身体素质。

四、实现高校体育教育可持续发展的改革措施

（一）政府部门给予足够支持

高校体育训练要想实现可持续发展，需要集合各个方面的力量。换句话来说，在当下发展高校体育训练除了需要得到学校和学生个人的支持、配合之外，还需要得到国家相关政府部门的大力支持。国家相关政府部门的支持对于体育训练能否实现可持续发展起着重要作用。

在推动体育训练实现可持续发展的进程中，我国相关政府管理部门可以具体从以下几方面入手：第一，深入大学生群体，了解大学生的所思、所需，据此来对体育训练内容进行改进；第二，了解体育训练的真正价值所在，把握体育技能的规律，完善相关的规章制度等，以此来达到体育训练顺利进行的目的；第三，根据大学生对体育训练的反映情况，发现体育训练中存在的问题，并寻求解决之法，以此来有效地改善体育训练情况，促进高校体育教育可持续发展；第四，根据高校体育教育的发展情况，给予适当的经费支持，为高校体育训练提供物质保障，保证高校体育训练活动的顺利开展。与此同时，我国相关政府部门还可以通过对高校体育训练组织的监督管理，及时发现高校体育训练当中存在的问题，并进行纠正引导，促使高校体育训练在可持续发展理念的引导下逐步完善，体育事业实现进一步发展。

（二）完善体育活动相关管理制度

高校体育训练活动需要建立相关的管理制度，来管理及规范体育训练组织成员的行为，促使整个体育训练活动得以顺利进行。具体管理制度可从以下几方面着手。第一，成立体育训练管理小组，在小组内部选出各个方面的负责人员，明确每个人负责的部分，分工合作，最后把各个部分整合起来，促进整体的和谐发展。并且管理也要分层级，逐层管理，形成密切的组织网络。第二，管理制度中要包含奖惩制度，以便能够依据奖惩制度，对体育训练参与者的各种行为进行评判，甚至是奖惩。例如对于那些遵守规章制度、努力训练的学生，一定要进行及时的鼓励与赞扬，甚至还可以给予一定的物质奖励；对于那些违反规章制度，给体育训练活动带来损失的学生，要进行适度的批评和惩罚，以便督促其改正过失，认识到自己的错误，从而提高体育训练的管理水平，促进高校体育训练的可持续发展。

（三）加强全民健身意识的传播

目前，我国的体育训练意识或者全民健身意识的普及度还不够，仍然还有一部分人没有真正意识到参与体育训练的重要性。针对这一情况，高校体育教师应

该进一步传播全民健身意识，使更多人，特别是年轻人从思想深处理解到体育健身的价值及意义，引导人们树立起健身意识，呼吁更多的人走出室内，主动参与体育运动，即引导人们发挥主观能动性，在自主意愿的驱动下参与体育训练。

这除了可以确保高校体育训练实现可持续发展之外，还能为高校体育训练的开展营造一个良好的氛围，使整个社会形成一种积极向上的精神面貌，进而能够为国家体育事业的发展源源不断地提供人才。

（四）优化高校体育训练管理

学校开展体育训练时需要建立一定的监督管理机制，以便有效地推动体育训练的顺利开展。这种体育训练管理机制包括监督机制、竞赛机制和考核机制。体育教师在组织体育训练时一定要将三者之间的关系处理好，这样才能为体育训练的发展保驾护航。如若不然，则不仅不能推动体育训练实现进一步发展，还会成为体育训练迈向可持续发展道路的拦路虎。

体育训练管理大体可分为两部分。第一，要管理好学生，要选择适合学生身心的训练内容、训练方法、训练手段等，这对于学生的未来发展具有极其重要的作用。第二，要管理好教师。众所周知，体育教师是高校体育训练能否顺利进行的关键所在。加强对体育教师的管理，除了有利于提高学生的体育训练水平之外，还能督促教师不断提升自身的教学能力、摆正教学态度。但是值得注意的是，这种管理一定要注意"度"，要给体育教师留有足够的自由空间，尊重体育教师的教学安排，激发其教学热情，充分发挥其在课堂上的主导作用，以便增强其教师的自我效能感。对于体育教师的管理既包括学校对于体育教师的培训学习，这对于提升体育教师的自身素质、实现体育训练水平的进一步提升十分有益；还包括相关激励机制的制定，根据其训练运动员的成绩对教师的工资和奖金进行评定，并作为教师晋升、职称评定、年度考核等的参考依据。要激发教师提高体育训练水平的动力，持久保持体育训练活力，推动高校体育训练实现可持续发展。

五、高校体育教师参与全民健身指导工作

高校体育教学改革是实现体育强国目标的重要路径，但要想促进这一目标的实现，将体育建设仅仅局限在高校是不可行的，需要从高校向社会渗透。所以，高校要鼓励体育教师参与全面健身指导工作，这一方面可以让体育教师获得更多教学经验，提升其教学能力；另一方面有助于体育健身的理念深入人心，构建全民健身的环境，推动体育强国目标的实现。

（一）高校体育教师参与全民健身指导工作的可行性分析

1. 专业素质过硬

高校体育教师作为从业的专门、高等人才，基本学历都在本科以上，且经过系统化、科学化、规范化的培养，对运动学、心理学、训练学、保健学、人体生理等有较为丰富的专业知识，在教学中可根据不同学生的特点给予指导与帮助。同理，在开展全民健身体育指导时，也可为广大参与群众提供全面、到位的优质指导，这对于全民健身活动的有序开展、健身活动水平的提升有重要价值。

2. 教学经验丰富

高校体育教师的本职工作是体育教学，丰富的教学经验为参与全民健身活动提供科学指导奠定了良好的基础。对于全民健身指导工作而言，面对差异性显著的健身群体，教师可以做到选择合适的教法展开指导活动，制订个性化指导方案。这对于调动参与者兴趣与积极性、营造良好的锻炼氛围、组织有秩序的锻炼队伍有重要价值。同时，高校教师都有参加各类比赛或者组织各种活动的经验，在管理参与者方面更有突出优势，可将高校体育教学中的一些有益经验融入全民健身管理活动中，达到事倍功半的效果，这也决定了他们有着成为全民健身指导员的优秀特质。

3. 组织活动与竞赛经验丰富

高校体育教师在日常工作中，经常有机会接触到各类活动与赛事，无论是校内的小型比赛还是校际比赛，甚至城市之间、国内外的大型赛事，丰富的参与经验决定了他们可以以优秀的素质参与到赛事的组织与管理中去。部分教师还身兼裁判等职责，这意味着在全面健身活动中，一旦有开展活动或者组织竞赛的需要，高校体育教师可迅速发挥自身优秀的专业素质，高效率、高质量地完成工作，让全民健身活动的水平更上一层楼。

（二）高校体育教师参与全民健身指导工作的对策

1. 打造共同发展新模式

要积极打造高校体育与全面健身共同发展的新模式。要积极联合高校体育工作力量，围绕发展全民健身制定高校与政府、社会单位等的战略合作协议，实现共同发展。要让高校体育科系力量与体育教师资源、设施装备等致力于服务社会公益事业，将高校打造为社会体育指导员培训基地、全民健身志愿服务基地、体育师资培训基地、青少年课外体育活动基地等，从教学实践、科研等诸多方面入手，促进全民健身事业的有序发展。通过加强高校与政府、社会单位等的合作，实现强强联合、强弱互补，发挥学校人才、科研、教学、场馆设施等优势，共同提升全民健身服务水平，为构建多元化的全民健身服务体系、建设体育强国作出贡献。

2. 加强体育指导技能培训

加强体育指导技能培训，壮大骨干队伍，要联合国家全民健身指导战略，就高校体育教师作为全民健身指导员的可行性进行深入探讨，通过不断学习新知识、掌握新技能，更好地为基层体育服务；要联合体育局、高校体育科系、教师管理队伍等，通过分批次、分站点开展社会体育指导员培训，提升高校体育教师参与全民健身指导的能力，确保其掌握全民健身活动的组织管理方法，能够组织开展基层全民健身活动。培训要从理论培训与技术培训两方面入手，以专业教师为领头羊，让培训对象了解社会体育及其在我国的发展趋势、社会体育指导员职责，并对培训成果进行评价与考核，确保高校体育教师充分了解全民健身指导员的工作，在后续开展指导时做到有的放矢。

3. 积极引入新生代力量

全民健身指导员是引领体育健身潮流的先行者，高校教师在参与全面建设指导的过程中，除了要提供优质到位的指导服务，还要善于在工作中积极引入新生代力量，培养优秀的后备团队，在全民健身群体不断壮大的过程中，吸引更多优秀人才融入健身热潮，并成为辅助高校体育教师开展指导工作的优秀帮手，全面提升体育指导工作水平。要重点就一些城乡地区、农村地区等进行新生代力量的培养，通过加强全民健身设施建设，提高综合功能，使硬件与软件建设相结合，加快社会体育组织发展，积极支持和协助各类健身活动贴近群众，促使全民健身指导员向着更为年轻化、合理化的方向发展，使指导员在分布上更加平均化，辅助全民健身体育活动的开展。

第三章　高校体育教学的理论基础

本章为高校体育教学的理论基础，介绍了高校体育教学的基本理念，如三生教育理念、人文教育理念、终身体育理念、游戏化教学理念、"健康第一"理念；分析了高校体育教学的基本原则，包括教学活动原则和教学体系重构原则；最后对高校体育教学的基本模式展开了介绍。

第一节　高校体育教学的基本理念

一、三生教育理念

（一）三生教育的含义

三生教育是生命教育、生存教育、生活教育的总称，隶属学校德育教育的一部分，三生教育最早于云南省出现，随后在全国各地广泛开展，旨在通过教育的力量，使受教育者树立正确的三生观念[①]。

生命教育：从最根本的意义上来说，生命教育涉及了整个人生过程，它包含了从出生到死亡的各个方面的教育，包括生活与生存、成长与发展、本性与价值，生命教育的最终目的就是通过对生命的管理，实现自己的生命价值，为社会、为人类贡献出自己的力量。

生存教育：从个人角度来看，生存教育就是帮助学生学会生存技能，选择正确的生存方式，学会摆脱生存困境，形成一定的生存能力；从社会角度来看，就是能正确处理人与自然、人与社会、人与家庭、人与学校的关系，形成和谐统一的生存观。

生活教育：生活教育是由著名教育家陶行知先生提出的最核心的教育思想，强调生活即教育，教育就是在生活中体现，要与生活密切联系，人从出生开始，就是在教育中学习、成长，受教育是一个终身的过程，只要有生活就会有教育，教育也会随着我们的生活改变而改变，教育要通过生活这一渠道才能发挥它真正的力量，从而成为真正的教育。

[①] 罗崇敏. 三生教育论 [M]. 北京：人民出版社，2013.

（二）三生教育的必要性

1. 生命教育的必要性

（1）生命观发展需完善

就目前大学生的现状来看，他们对生命的意义并没有准确、深度的理解，并且生命意识比较淡薄，生命观发展尚不完善，大学生自杀的人数也呈上升的趋势。那么我们不禁要问，在大学这样一个前途充满光明的阶段，是什么让他们作出了这样的选择？这一方面取决于如今社会的复杂程度，大学生无法适应；另一方面取决于家庭、学校对学生的情感、道德、人格的培养。这些导致了学生对生命的错误理解，以至于其做出许多对社会漠视甚至冷酷的事件。因此，对大学生展开生命教育十分迫切，应置于满足广大民众的健身需求，提高民众健身素质和生活水平，才能保证其生存条件，保持其真实性及生命力[①]。

（2）生命教育途径需完善

目前高校的生命教育途径不能满足当前大学生的预期目标，需要充分发挥体育课程的教育功能。高校开展生命教育的途径主要是通过生命教育课程、专题讲座或者是包含在其他课程里的生命教育隐性课程，但是高校利用这些途径的频率并不高，例如并没有将生命教育纳入基础课程、开展讲座和心理咨询密度不够，严重阻碍了学生聆听生命教育的声音和拨打心理咨询热线。通过其他课程做载体实施生命教育，能够起到双重作用，但是高频的社会变化似乎也使得我国高校的生命教育力不从心。生命的意义靠个人的主观去判断是远远不够的，必须结合亲身体验，高校体育活动正是起到这样的作用。

2. 生存教育的必要性

（1）生存能力需加强

在如今快速发展的时代，物质文明和精神文明日益丰富，社会的复杂性和未知性也逐渐增加，人们面对的问题也就越来越多。一直处于象牙塔的大学生，涉世未深，面对复杂的社会问题不懂得如何解决，面对重大事故如交通事故、火灾事故等威胁到生命安全的事件时，一般都会措手不及。为什么会出现大学生掌握不到基本的生存能力这一问题？一方面是因为社会的快速发展，当前的大学生还没很好地适应；另一方面是应试教育的限制，大学生为了完成学业，只重视理论知识，忽视了亲身实践的重要性。因此，促进大学生生存实践能力的培养，已是大学生教育的重要组成部分。

---

① 高丽，张忠楼，吴震. 山东民俗体育与特色旅游的融合发展研究 [M]. 北京：人民体育出版社，2020.05.135 页

（2）生存教育手段需加强

学校对于开展生存教育的途径较缺乏，需要加强生存教育的具体实施，生存教育的开展主要是通过生存教育课程、专题讲座、课外实践活动。专题讲座可以涉及火灾、洪水、交通事故等突发事件的解决办法，但是目前高校涉及专题讲座的机会并不多，只有少部分学校会在开学一周内组织一次，放寒暑假之前老师或者辅导员口头强调。课外实践活动是生存教育培养的重要形式，在课外，学生更加喜欢自己动脑、动手去解决问题，但是，开展课外实践活动次数却不够。其中一部分原因是目前很多学生都是独生子女，家长对孩子过度关爱，对孩子参加户外活动有很大的担忧，所以学校不敢让学生去户外，认为坐在教室才是生命安全的最低保障。

将生存教育融入体育课程，能弥补其他文化课程中无法实施生存教育的缺陷。生存教育的真正含义就是强化学生的生存意志，提高学生生存的适应能力和创造能力，关心社会与自然；体育教育的目的就是使学生能够清楚地理解生存教育的含义，并能通过实践让学生掌握真正的生存技能，并能适应社会。

3. 生活教育的必要性

（1）生活习惯的不稳定性

在快速发展的信息化时代，网络占据了当前大学生生活的主要时间，有的大学生可能对自己的生活规划比较随意，喜欢待在寝室，看网剧；有追求的学生可能会去自习室、图书馆，利用网络查数据、上网课等。对于较为散漫的一部分大学生群体，他们对于生活的认识不够，不能珍惜美好的大学时光，没能养成良好的生活习惯；而对于每天泡在图书馆学习的一部分大学生，可能他们对于生活的认识也不够全面，生活不仅仅只有学习，也有与他人和社会的交集、生活的技能。因此，全面培养大学生正确的生活观、对他们进行生活教育已是迫在眉睫。

（2）生活教育方式需完善

大学生活的特殊性、学生对大学生活的理解，都限制了生活教育的融入方式；学生对生活意义的理解，对未来生活的追求，学习与休闲、工作与生活的关系等不能协调。受我国应试教育的影响，学校对学生的要求、学生自己对自己的要求过于严格，学生在大学期间通过各种考试考取各种资格证书，无形中给他们带来太大压力，让他们的生活缺少了本该还有的另一方面光彩。目前，学校实施生活教育的主要形式是生活教育相关课程、班级文化活动、寝室文化活动。大学生生活的每一天是否达到了自己的生活质量，受许多因素的影响，学校、家庭、个人要尽可能想办法满足条件，提高学生的生活质量。但就目前的生活教育的发展趋势来看，还是受到了许多限制，生活教育的课程没有系统化、班级和寝室文化活动的频数小，大学生教室、宿舍、图书馆三点一线的活动区域已经不能满足学生生活质量的提升，但是培养大学生正确的生活观是至关重要的，教育者在这方面也需要采取相应措施。

体育课程具有较强的开放性，学生可以发挥自己的主观能动性，促进自身的全面发展。学生可以在文化课的学习压力之下，选择一项自己喜欢的运动项目并参与其中，与志同道合的朋友一起为自己的兴趣爱好努力奋斗，体会运动带来的乐趣，丰富自己的校园文化生活，以得到各方面素质的提升。

二、人文教育理念

（一）人文教育理念融入高校体育教学的意义

1. 促使体育教师创新教学理念

促进人文理念与体育教学的融合具有重要的意义，这可以让教师深刻认识到体育教学的状态与走向，了解体育教育对学生综合发展的需求。教师在体育教学中所面对的目标随之更加明朗，能够调整其传统的指导方向，制订新的活动方案，融入并推进人文教学理念。

2. 缓解学生的学习压力

对当代大学生来说，随着社会竞争的加剧，文化课压力越来越大，给很多学生造成身体和心理上的负担。而在体育教学中融入人文情怀，可以帮助学生在体育运动中释放压力，化解学生在繁重的学习任务中产生的消极情绪，从而保证大学生身心健康成长。

3. 引导学生构建正确价值观

在一般的体育活动中，学生能够真正感受到集体意识和团队精神的重要性。这类良好价值观的构建，与大学生自身所具备的优秀品格存在相辅相成的关系。这样一来，人文理念与体育教学的结合，能够引导大学生形成正确的价值观念，避免一些不良价值观的诱导，进而升华大学生的精神境界。

（二）人文理念融入高校体育教学的原则

1. 遵循以人为本的原则

以人为本的原则能够推动学生全面发展，这一理念理应受到教育工作者的重视。在以人为本这一理念的驱动下，教师在教学过程中会更加重视学生的主体地位，更加关注学生的真实感受和诉求、注重其个性化发展、了解学生情绪变化情况，从学生需求出发为其提供人性化的教学环境，实施人性化教学。以人为本的教学原则推动体育教学根据学生发展规律实施课程教学，不同阶段学生存在着自身的发展特点，即使是同一个阶段的学生，在个体发展的过程中也存在明显差异。实施课程教学时要尊重学生自身发展的相关规律，从而促进学生循序渐进地发展。以人为本的教学原则强调学生是独立个体而非依附父母的存在，教学时要尽可能避免将外部的需求强加到学生身上，宜根据学生的特点和兴趣因材施教。

2. 遵循科学性与人文性的原则

科学性与人文性并重的体育教学是体育价值的充分体现，也是教学行为与教学理念的有效整合。体育作为一门建立在自然科学基础上的学科，涉及遗传学、生理学、心理学、训练学等学科的内容，体育教学是使学生在认知的过程中完成对运动知识、技能技巧、情绪情感等内容的学习，所以体育教学需要遵循科学性的原则。同时，从体育教学的内容来看，它具有特定的体育文化知识；从体育教学的功能来说，体育不仅是提高学生身体素质、运动技能的有效方式，也是促进价值观形成、增强社会体验、塑造良好性格等非智力素质培养的重要举措。所以，在体育教学中也需要突出人文性的原则，实现学生人文素质的全面提升。

（三）高校体育教学落实人文理念的策略

1. 创设人文体育教育环境

人文体育教育环境是体育精神融入教育教学过程的重要基础。在师生共同构建的充满人文关怀的体育教育环境中进行体育教学、开展体育活动，能对学生的终身体育观念产生深远影响，从而可以再次促进学生人文素养的提升。人文体育教育环境包括以下两方面。一是"外环境"——校园人文环境。在充分利用校园自然环境、体育基础设施与相关资源的基础上实施增设体育类图书的专题展览、举办体育专项讲座、开展体育知识竞赛、选拔年度体育明星等措施，多途径优化校园体育与人文环境的融合，提高学生的人文素养，让学生在体育学习和锻炼的过程中得到快乐的体验。二是"内环境"——课堂人文环境。一方面，体育教师要设定适合学生的课堂学习目标，让学生通过参加难度适宜的体育运动获得成功的喜悦和战胜困难的勇气；另一方面，体育教学要突出综合性、科学性的教学评价考核方式，可以根据学生情况分层级划定考核标准，也可以进行多维度考核内容设定，既需要对学生进行体育知识、技能的掌握情况定量考核，又需要对其进取意识和合作精神进行定性评价，为体育课堂教学营造良好的氛围，保障体育教学目标的顺利实现。

2. 完善高校体育教学内容

体育教学过程中融入人文理念需要更新体育教学内容，在教学内容不断完善的基础上承载人文理念教学内容。第一，体育理论知识与人文理念融合。在西方竞技体育知识的基础上可以增添地方特色体育项目教学内容的介绍，比如中国与乒乓球项目、大连与足球项目、北京与冰雪项目等，帮助学生了解体育教学的相关理论知识与人类发展历史之间的联系，了解体育项目的来源和发展历程等；还可以增加民族传统体育项目教学内容的解读，让学生领会"礼让谦和"的道德观，形成"兼容和谐"的价值观，增强学生人文素养培养，使学生认识到体育自身所包含着的价值，进而全身心投入体育课程中进行理论知识学习。第二，体育实践过程中融入人文理念。体育实践是在掌握基础知识的前提下，对具体项目、竞技内容的身体实践，教学内容的安排需要在有效促进高校体育教学内容扩展的基础上推动其创新发展，比如针对学生未来发展可以在体育实践过程中增加拓展训练内容，发掘其实用性与娱乐性的双重功能，增强学生的抗挫折能力，培养学生坚强的毅力，使体育教学人性化的特点更加显著，促进学生人文素质有效提升。除此之外，在体育教学实践中还可以结合榜样作用为学生加强精神方面的示范和鼓舞。

3. 提高高校体育教师的素质

教师是影响教学效果的主要因素，教师素质的高低对教学效果和学生的发展等方面存在着显著影响。在高校体育教学中融入人文理念，教师除了需要具备与时俱进的教学观念以外，其职业素养、人文素养、教学能力的全面提升对体育教学中更好地融入人文理念至关重要。具体可以从以下几个方面入手。

第一，全面深入认识人文理念。作为高校体育教师，首先要明确，体育教学的主要目的是提升学生的体能、帮助学生掌握体育技能、增进学生身心健康、培养学生坚强意志、使树立终身体育意识，所以要改变单纯地培育体育竞技人才这种传统教学理念，在教学过程中要更多地关注学生体育精神的培养。

第二，构建师生互通的心灵桥梁。体育教师要改变传授单一的动作模仿为主的传统教育方法，突破固化的师生关系为主的教学模式，遵循学生个体身心发展规律的同时，建立友好、互动的师生关系，使学生在人文关怀的影响下感知自身的生命健康与体育精神的诉求。

第三，将人文理念融入教师培训与考核评价。体育教师需要深刻认识人文理念融入体育教学的重要意义，提升自身的人文素养。在体育教师的培训内容中不仅需要注重传统体育文化知识、职业道德修养等方面的学习，更多地需要加入民族精神与文化认同感、审美和艺术修养、人格魅力与个性品质等人文素养的学习内容．体育教师在教学过程中是否更多地关注学生的兴趣爱好、是否能够激发学生的主观能动性、是否能够让体育教学更具有人性化，成为衡量体育教学质量好坏的评价标准。

4. 注重学生的心理辅导

人文教育理念实际上就是加强对学生各方面的关心，其中学生的心理问题必须引起教师的重视。体育与文化课不同，体育成绩的好坏，不仅仅是取决于学生后天的努力，跟学生先天的一些身体状况及兴趣爱好也有着很大的关系。但是大学生好胜心强，如果他们在体育水平方面存在较大差距，就会给部分学生造成极大的心理压力。因此，在开展体育竞赛的过程中，教师需要对一些不擅长竞赛或者成绩不好的学生进行心理辅导，引导学生正视自己的长处和短处，让学生学会从失败中汲取经验，帮助学生排解消极情绪，培养学生积极向上的心态，保证其健康成长。

5. 教学方法的人文渗透

要想真正实现人文理念与高校体育教学的结合，必须要将人文理念渗透到体育教学的方式与过程之中。对此，高校体育教师可以采取以下三种策略：其一，扩充高校体育教学的内容，体现体育教学内容的多样性，让学生有自主选择体育项目的机会，最大限度地满足学生的兴趣与发展需求；其二，在教学过程中加强和学生的互动，多和学生进行知识、技能与情感上的交流，比如通过组织游戏来增进师生之间的情谊，这不仅能够提升大学生参与体育活动的积极性，而且能够帮助教师在此过程中获取教学意见，有利于教师完善教学工作；其三，教师在教学过程中要学会运用幽默的方法和手段，以幽默艺术为体育课堂营造活泼愉快的氛围，从而缓解体育测试带来的压抑感，缓解学生的紧张情绪，让学生能够在一种放松、自信、愉快的状态下参与体育训练和比赛。

6. 完善学生的评价体系

高校应当有计划地培养大学生的人文理念，对单一的体育教学评价系统进行扩充完善，不能局限于自身体能、应试素质的评价，要根据个体的不同进行综合性评价，更好地发挥评价系统的作用。

三、终身体育理念

（一）终身体育意识的概念和特点

终身体育意识具体表现在思想和行为上面。在思想上，就是对体育有正确的认知，了解体育事业发展的目的和重要性，了解个体参加体育运动的重要意义，并对体育有一定的感情和意志；在行为上，是指对体育事业能够作出一定的贡献，能够积极参与体育活动当中。

终身体育意识具有三个十分明显的特点，那就是稳定性、间歇性和促进性。稳定性是指终身体育意识一旦形成，就会贯穿人的一生，不会被轻易动摇；间歇性是指个体处在人生的不同阶段，面临不同的境遇，会产生不同的思想，对终身体育的看法、执行程度也是不一样的；促进性是指，人们在形成终身体育意识之后，在终身体育意识上会有更加积极乐观的态度，从而促使人们积极参与体育活动。

（二）终身体育理念融入高校体育教学的意义

1. 使学生持久受益

终身体育因为具有永久性，所以受到广泛的关注。这里所说的永久性是指，首先，终身体育意识一旦形成，就很难发生改变；其次，终身体育意识的形成对个体能够发挥永久的作用。树立个体的终身体育意识，是体育锻炼的最终目标，因为终身体育意识可以帮助人们强身健体、愉悦身心，并培养韧性和耐力，提升品德素质，使其受益终身。因此，大学作为学生走向社会的最后一道教育保障，在大学期间培养学生的终身体育意识是十分重要的。

2. 促进教学改革

接受大学体育教育的学生，除了少部分具有体育专业背景，需要专注于体育学科的学习之外，其他大部分都是没有体育专业背景的普通学生。所以，大学体育教学的主要目的并不是让学生掌握多少体育知识和技能，而是要培养学生终身体育的理念，引导学生形成正确的体育锻炼价值观。这样，学生在将来走出校门、走进社会，才能依然关注自身身体健康，积极参加体育锻炼，从而让学生受益终生。这样才能真正实现高校体育教学的价值。

而要想达成培养学生终身体育意识的目标，一些传统的教学观念和方法就不能再使用，教师必须根据教学目标和学生的各方面特点及需求来加强对教学内容、方法和模式的创新与改革，使高校体育教学更符合当前教育背景，满足学生的发展需求。所以说，终身体育理念对体育教学改革具有一定促进作用。

3. 使学生需求与社会发展同步

随着我国经济的快速发展，人们的生活质量有所提升，除了追求较好的物质生活外，开始意识到身体健康的重要性，体育锻炼的意识明显增强，在此背景下，社会群体对体育学习的需求大大增加。因此，将终身教育理念融入高校体育教学是我国教学改革发展的必然趋势。终身体育理念是现代社会发展的需求，大学的主要任务是为社会培养全能型人才，是衔接学校和社会的桥梁，所以大学体育教学必须进行优化和改革，比如推动高校体育教学多目标及多功能的发展。

面对传统的体育教学理念及模式，学生在学习体育的兴趣与积极性方面存在严重不足，这就需要我们高校工作者及时革新体育教学理念，针对应时、应地、应人的特点和实际需求采用区别对待原则进行开展，这样才能使终身体育理念有效地满足大学生的需求，进而对高校体育的教学与时代的发展起到促进作用。

（三）高校体育教学落实终身体育理念的策略

1. 课堂教学方面

（1）将终身体育理念渗透到高校体育课堂教学中

在高校体育教学实践中，作为教师，首先，必须要遵循教育的基本规律和原则，比如对学生进行区别对待，采取因材施教的手段等，并根据终身体育的内涵对学生进行思想上的引导和教育，深化学生对终身体育理念的认识；其次，教师要通过教学方法的创新和改革，从不同的角度和层次出发，让学生真正意识到体育运动对自身成长和社会发展的意义，同时教师要把正确的、科学的体育运动方法和技巧传授给学生，促进学生健康生活方式的养成，并培养学生体育锻炼的良好习惯，让体育活动成为学生日常生活的重要组成部分。

（2）教学模式的不断创新

在终身体育理念下，高校体育教学必须重视对教学模式的创新和探索。作为教师，必须不断反思当前体育教学模式中存在的问题，并积极吸取新的经验和方法，对教学模式进行创新、改进和完善。当前，一些高校开始实行自助式体育教学，这种教学模式最明显的特征就是充分尊重学生的自主性，真正以学生为中心，学生可以根据自己的兴趣爱好和时间安排来选择合适的体育项目。一方面可以唤起学生的学习热情，提升学生在体育课堂的参与度，让学生能够带着兴趣和愉悦的心情完成学习与训练；另一方面，兴趣与特长有着密切的关系，学生凭借兴趣选择的某个体育课程，通常是自己擅长的，所以这种自助式体育课堂有助于发挥学生的特长、发掘学生的潜能，让学生得到更充分的锻炼与成长，从而有效提升高校体育教学的实效性，促进学生终身体育意识的形成与强化。

（3）教学方法的不断完善

教育的最难之处并不在于教给学生某些知识和技能，而在于对学生意识、观念的培养，在体育教学中也是如此。体育相关的知识和技能并不难教，难的是如何让学生形成终身体育的意识，能够对体育运动保持热爱和执着。要想实现这一目标，教师就要注重教学方法的不断完善。

在高校体育教学过程中，教师不能把所有关注点都放在知识和动作的讲解上，还要对一些技术技巧、运动项目的起源发展、技术的实战应用等内容进行讲解，并适当引入视频、游戏、互动等教学资源和形式。只有这样，才能不断创新和优化体育教学方法，使教学内容更加丰富和多彩，使体育课堂保持新鲜和活力，进而保护学生参与体育课堂的积极性，提升学生的学习兴趣，进而为学生的终身体育意识奠定坚实的基础。

2. 校园体育运动氛围方面

良好的校园体育运动氛围对于学生自主养成终身体育意识具有潜移默化的功能，这就需要我们对于高校体育运动氛围的营造作出一些改善，以对学生终身体育意识的养成起到促进作用。

（1）教学与课外活动相结合

一般高校的体育课每星期仅有一节，所以相比于体育课堂，课外活动才是大学生进行体育锻炼的主要部分。因此，高校体育课外活动必须引起足够的重视。在高校体育课堂教学中，教师必须充分利用珍贵的上课时间，给学生传授体育锻炼相关的健康知识和技能，着重提升学生的能力和技巧，并激发学生参与课堂体育活动的兴趣。通过教学与课堂活动的有机结合，可以增强高校体育运动的氛围，进而才能有效培养学生的终身体育意识。

（2）拓宽体育参与形式

相比于文化课，体育具有较强的多元性和开放性。所谓多元性，是指体育教学内容丰富多样，不局限于某个项目，而参与体育运动的学生在体能、兴趣、特长等方面也体现了多样性；开放性是指体育教学不必像文化课教学那样过于死板，不必拘泥于传统的、常用的教学方法和模式，只要对学生有益、对教学目标的实现具有促进作用，教师就可以采取新颖的教学方式。

目前来看，由于高校学生学业繁重及体育教学中存在各种各样的问题，学生对体育课堂的参与度不高。所以，高校教师可以大胆创新、另辟蹊径，比如高校体育教师可以组建俱乐部、协会、社团及书院，组织不同体育爱好的学生利用课余时间进行短期的培训和交流。这样一方面可以引导学生充分利用闲暇时间，另一方面可以把具有相同爱好的人聚在一起，让他们能够跟志同道合的人一起交流和学习。此外，教师还可以组织学生举办一些体育竞赛活动，鼓励学生积极参与，让学生在比赛的过程中发现自己的不足、认识到自己的弱势，从而激发学生的学习动力。总而言之，高校体育教师在教学过程中必须充分体现体育课程的多元性和开放性，要通过教学活动的构建，拓宽体育参与形式，营造体育运动的氛围，让每名学生都能找到适合自己的体育锻炼平台，并让学生在不断学习和训练的过程中形成终身体育的意识。

（3）增加宣传形式

宣传也是教育的一种主要手段，只要方法得当，宣传可以起到很好的潜移默化的效果，促进学生思想意识和行为习惯的改变。所以，在高校体育教学中，为了落实终身体育理念，教师可以采取宣传的教育形式。首先，教师可以利用现代多媒体技术来制作宣传视频，视频中可以多加入一些新闻发言稿、体育风云人物的内容，借此提升学生的兴趣。其次，教师可以组织体育专题讲座、体育知识系列讲座，以此为媒介进行体育文化宣传。最后，教师可以充分发挥环境的作用，比如在操场、体育馆等地方张贴体育相关的标语，借此营造体育运动的氛围，让学生在无形中认识到体育锻炼的重要性，形成终身体育的意识。

四、游戏化教学理念

（一）游戏化教学理念的含义

随着时代的发展，教学理念也在不断更新，其最明显的特点就是强调学生的主体地位，更加关注学生在学习过程中的主观感受。在此背景下，游戏化教学逐渐成为重要的教学理念和原则。所谓的游戏化教学，也就是趣味化教学，主要是指在教学活动中根据学生的兴趣喜好，将所传授的知识与技能和游戏联系起来，让学生在学中玩、在玩中学，一方面让学生快速掌握知识和本领，另一方面让学生在学习的过程中能有快乐愉悦的体验。通过游戏化教学的合理应用，可以提升课堂的吸引力，提高学生的参与度，最终提升教学的整体效果，促进学生学科素养的发展与提升。

（二）体育游戏在高校体育教学中的具体应用

1.热身准备中的应用

体育游戏在热身准备期间的应用主要为快速组织学生，使学生进入体育技能学习状态，并活跃身体机能。此时教师可选择反向动作等游戏，使学生集中注意力，并在此基础上进行热身，活跃大脑。传统的热身准备活动主要为拉伸等肢体运动，该过程较为枯燥，无法调动学生兴趣，因此在体育游戏应用时，需转变传统热身活动思维，设计趣味性游戏，使学生在体育游戏期间完成热身准备。例如将慢跑作为热身活动时，可引入"拉网捕鱼""听数抱团"等体育游戏代替传统慢跑活动，使学生在课前热身准备期间感受到体育游戏的趣味性。体育教学期间将进行各类技能训练，为避免学生在训练期间受伤，需于热身准备期间做好关节、肌肉活动，而该类活动热身需根据课程训练项目进行设计，使学生身体机能做好训练准备。例如在短跑课程训练前，可引用"穿梭跑""圆形曲线跑"等体育游戏，提升学生奔跑能力，使学生快速进入短跑训练状态。

2.技能教学中的应用

学生是高校体育课程的主体，体育教学活动应以学生为本。因此体育技能教学中，应由教师给予学生适当指导，以此达成体育教育目标，并使学生在教师指导下规范地进行体育练习。传统的体育技能教学形式单一，并且教学内容枯燥无味，无法调动学生的热情，此时可引入体育游戏，活跃体育课堂氛围，在体育游戏的带动下激发课堂活力，增强趣味性及娱乐性。独特有趣的体育游戏可增强学生对体育技能的印象，可极大提高训练效果。以高校足球技能练习为例，教师可引入"模仿追逃""斗鸡""推人出圈"等体育游戏，通过此类游戏锻炼学生腿部力量、假动作能力、急转急停能力等，同时还可提升学生对抗及协作能力，使学生在体育游戏中熟练掌握体育技能。再以羽毛球技巧训练为例，可引入"追羽毛球加速跑""羽毛球掷远""羽毛球投准"等体育游戏，在"追羽毛球加速跑"中锻炼学生的奔跑能力，"羽毛球掷远"及"羽毛球投准"需学生用球拍进行，可锻炼学生力度控制能力、身体协调性等。现阶段高校所开展的篮球、排球、足球等活动均可应用体育游戏完成技能训练教学，以增强体育教学灵活性，并推动高校体育教学创新改革进程。

3.整理活动中的应用

体育课程教学需运用各类运动用具，而运动用具以球类为主，完成体育技能训练后，需及时将运动用具归类收整。为确保体育游戏贯彻体育课堂始终，教师可为依托于运动用具整理活动组织体育游戏。教师可根据所应用的运动用具设计关卡，学生需以小组为单位，依次完成游戏关卡后方可"通关成功"，将体育用具放回到指定位置。以篮球为例，学生依次进行原地运球与行进间运球，考查学生运球基本功，另一学生需准确规范地采用侧面抢球、迎面抢球技巧，将篮球从运球同学手中抢球成功，学生抢球成功后三步上篮，此时第三名学生需接住篮球，采用投球技能将篮球投至指定位置。在该体育游戏关卡中，充分考察了学生篮球技能的熟练程度，并使体育游戏与体育用具整理活动良好衔接，实现了体育游戏在整理活动中的实践应用。

五、"健康第一"理念

在以往人们的意识中，健康就是没有疾病，是单纯身体上的健康。世界卫生组织提出，健康不仅限于身体上没有疾病，更要具备健康的心理、能够适应社会的良好道德。健康对于人的一生而言，有着十分丰富的内涵。健康是人们共同的追求，但是真正的健康并不是人们传统意识中身体上的健康，而是在心理、心灵、智力及道德等多个方面的健康，其社会学含义十分丰富。基于此，高校体育改革也有了十分重要的意义。

经济水平的上升促使了人们生活条件的改善。现阶段大学生的身体健康问题已经十分突出，在大学生体质测试中耐力、力量、爆发力及坐位体前屈等方面的指标都开始退步；大学生视力问题也更加明显；肥胖不仅仅是中老年人需要面临的问题，已经成为大学生群体中十分常见的一种现象。

（一）"健康第一"理念指导体育教学

首先，"健康第一"这一理念是根据我国大学生身体实际状况提出的，更是实现现代化教育的基本诉求。针对全国学生体质与健康 6 次普查结果进行分析可知，现代大学生的身体素质下降十分严重，肥胖、超重及视力不良的比例也在不断地提升，这不仅会严重影响学生的学习，并且对学生未来的生活及工作都会产生影响。站在长期发展的角度进行分析，这必然会对我国新生劳动力的素质产生影响。因此，高校开展体育教学改革的过程中，应当将"健康第一"的理念充分贯彻落实在教学中，提升教学质量，为学生的长远发展提供充分的保障。

其次，"健康第一"理念的落实还需要依托于"终身体育"及"素质教育"。体育教学的最终目标就是健康，但是健康不仅包含身体方面，同时还包含社会及精神层面的因素。为了充分实现大学生的健康教育，则应当对素质教育报以高度重视。另外，健康是伴随人们一生的重要内容，大学生树立终身体育意识有着十分重要的作用。因此，终身体育、素质教育与"健康第一"理念之间存在着密不可分的联系，为了保障"健康第一"的教育目标真正实现还应当切实做好终身体育及素质教育。相应地，只有始终坚持"健康第一"理念才能够实现素质教育和终身体育。

最后，在开展日常教学的过程中，为了充分保障"健康第一"理念得到落实，就应当重视课程评价，课程建设，教学方法，课程内容、结构、设置及目标等多个方面进行创新与改革，将"健康第一"的理念充分地体现在教学过程中，创造良好的条件，真正实现大学生的全面健康发展。

（二）围绕"健康第一"理念完善课程设置

当下在进行体育教学的过程中，很多高校的课程设置基本上都是以教育部的要求为准，体育课程是大一与大二的必修课，对于大三及以上的学生则是选修。我们应当积极改变这种教学模式，大学体育是终身体育的组成部分之一，现代体育课程的基本要素就是确保体育课程的延续性，只有充分保障其自身的延伸性，才能够保将"健康第一"的宗旨充分贯彻到实处。因此在开展工作的过程中，第一，要适当地增加一、二年级学生体育课的时长，为学生的锻炼时间提供充分的保障；第二，对于大三以上的学生应当重新将体育课作为必修课，在课时设置的过程中可以适当地减少课程时长，以此保障高年级学生对于体育的学习欲望能得到充分的满足，使学生身体能进行有效的锻炼。

首先，在进行课程安排的过程中不但要重视课堂内与课堂外的教学活动，同时还应当在做好本职教育工作的基础上促使学生能够牢固地掌握基本体育知识及技能，在这种教学模式下组织学生开展体育锻炼及校外体育活动，能对教学内容及形式进行拓展。

其次，每一次的实践都不能脱离科学的理论指导，体育教学也是一样的道理。要提高学生锻炼的自觉性，就要增设体育科学技术的理论课时，从而促使体育科学理论教学内容进一步深化，以保障学生对于体育科学技术的认知范围得到拓展，充分激发学生积极参与体育锻炼的自觉性，助力学生健康成长。

最后，老师需要充分发挥主导性。目前体育教师在授课的过程中，主要作用是发挥学生的主体性，进行开放式、探究性的教学，教师的主导地位和作用在课堂中体现较少。在体育教学的课堂中，"教"与"学"其实是冲突的。这个矛盾双方之间的地位是可以相互转换的，但是"教"又是矛盾的组成部分，决定着"学"的好与坏。所以，体育教学中使老师的主导性作用充分发挥有着十分重要的价值。即使是在"三自主"教学的大背景下，学科老师的有益指导仍发挥重要作用。高校也要针对身体异常的学生，有计划地开设卫生保健、康复课等多门课程，增强他们的体质，真正实现"健康第一"的教学目标。

（三）围绕"健康第一"理念完善课程内容和教学方法

教学内容方面，要真正反映"健康第一"，还应该注意做好各阶段的教学内容的衔接，避免不必要的重复。将少数民族的优秀传统体育艺术内容纳入体育教学，积极开展太极拳、五禽戏、武术等优秀传统的体育艺术活动教学，在弘扬中华民族优秀传统的同时也能达到"健康"的宗旨。同时，体育教学也可吸收和借鉴西方国家的体育文化精髓，充实体育教学课程。其次，不断完善和创新教学手段，形成个性化、多样化教学，鼓励不同班级的学生进行互动和交流，从而提高学生自主参与的积极性。如牡丹江师范学院开展了"同助教学法"（在老师的主持下，学生在课堂上互相帮助、纠正、激励、启发，课后互相辅导、同学之间进行切磋的一种互帮互学的教学方法），在实际的教学中，这种方法可以产生良好的教学效果，值得学习。

（四）围绕"健康第一"理念完善体育设施和考评方法

首先，体育设施的建立是进行体育课堂教学的基础和条件。目前，许多高校，尤其是二类和三类的高校，体育运动的场地、器材已经远远无法适应这一时期体育课程建设的需要。因此，我们必须利用各种形式及时采取切实的措施，加大体育课程教学的资金投入，在确保体育课程正常运行的同时，提高教学质量。

其次，要继续完善和不断创新本次考评指标管理工作办法，从而确保各项考评指标内容更加准确，符合"健康第一"等指标要求。在评定方面，可根据实际情况进行研究，按照学生的基本身体状况及心理健康情况进行评定。考评政策也是课堂教学的"指挥棒"，可以有效地促进和推动教学效果。如果把握好了考评的工作，体育教学的最终目标也会随之顺利地落实。

第二节 高校体育教学的基本原则

一、高校体育教学活动的基本原则

（一）以生为本

以生为本是我国教育改革以来的重要理念，它对改进教学模式、提高教学整体质量具有重要的意义。所谓的以生为本，从广义上来说，是指在教学过程中，教师以学生为中心，尊重学生的主体地位，并注意面向全体学生，关注每一位学生的个性与发展，并据此调整教学方法和模式，保证每位学生都能得到良好的教育，得到与自身条件相应的锻炼与提升；从狭义的角度来说，就是以学生的身体为本。高校体育教学中的以生为本，主要是指以学生的身体素质为本，也就是以提升学生身体素质为要旨来进行教学改革。大学生是最有知识、最有文化、最有素质、最有理想的一个年轻群体，他们处于生命最蓬勃旺盛的阶段，是未来社会发展的中坚力量。而大学生必须拥有一个健康的体魄，才能顺利完成学习任务，才能在日后为社会建设作出自己的贡献。

大学生的主要任务就是学习，但学习不仅需要学习者保持健康的身体，还需要学习者具有较强的毅力和耐力。并且，随着社会人才竞争的加剧，各专业学生的学习任务越来越繁重，如果学生身体素质不佳，就很难完成大学期间的学业，难以参与到社会竞争中去，难以发挥自己的价值、实现自己的力量，难以承担建设祖国的重任。这体现了体育课程的重要性。毛泽东在《新青年》发表的《体育之研究》中提道："体者，载知识之车而寓道德之舍也。"这就是说健康的身体是知识和道德的载体,这体现了我国对身体健康的重视程度。如果学生的身体素质不强,甚至存在很多问题,怎么会有有载知载物的资本?即便学生凭借自己努力掌握了知识和技术,没有健康身体的支撑,又怎么会有发挥的余地?而高校体育教学,正好是提升大学生身体素质的主要手段。因此,高校在实施体育教学实践和改革的过程中,必须以以生为本为第一准则。

总而言之,在高校体育教学中,所谓以生为本,就是一切教学活动以提升学生的身心健康为主要目的。在教学实践活动中,教师必须充分考虑学生的个人情况,比如身体素质、先天优势和不足、学习状态、学习目标、体育兴趣、体育学习需求及个人身体锻炼的规划等,围绕这些情况对教学方式进行科学合理的改革和创新,真正做到以学生身体素质为本、以学生的健康水平为本。只有深入贯彻落实以生为本的理念,才能构建符合学生兴趣和需求的体育课堂,才能让学生积极主动地参与体育训练,才能让学生在体育运动中收获知识、技能和健康的身体,进而促使学生成为未来社会建设发展的主要力量。

(二)以能为本

以能为本是以发展学生能力为本位的体育教育思想。学生的体育能力,主要在体育教学改革过程中构建。在体育教学改革过程中,影响学生体育能力的因素很多,其中最重要的是学生的体育思想,只有打开学生体育能力生成的思想阀门,才能使体育教学改革成为既使学生乐学,又使学生的体育能力得到构建与生成的革新活动,这是体育教学改革非常重要的环节。体育思想是学生对体育知识、技术和文化与功能的总体认识下所产生的体育态度和体育观念,它是指导学生体育行为意识的中枢。在体育教学改革中,加强学生体育思想教育、端正学生体育态度、增强学生体育认知,切实将体育教育思想与体育教学参与高度融合,是提高学生体育能力的好方法,也是体育教学改革发展的前进方向。

(三)以心为本

由于社会竞争压力、学校竞争压力等多方面的原因,近些年大学生心理健康问题比较突出。在面对一些问题时,甚至一些大学生会采取比较极端的做法,造成了十分不好的影响,所以心理健康教育成了高校教育体系的重要组成部分。但是,心理健康教育不同于文化教育,它本质上是对学生心灵、思想的培育,这并不是通过给学生传授一些知识和技能就可以完成的,所以它远比文化课教育更有难度,当然意义也更重大。正因如此,以心为本也是高校体育教学的重要理念和原则。

在高校体育教学中,所谓的以心为本,就是以学生的心理健康为本。心理健康是指精神、活动正常,心理素质好。心理健康表现在社交、生产、生活上能与其他人保持较好的沟通或配合。虽然心理问题与生理问题存在本质上的区别，但是心理健康是建立在生理健康的基础之上的。在学习过程中，具备健康的心理，主要表现为：对学习有积极向上的态度，能够认识到学习的重要性，在学习生活中遇到困难和挫折，能够勇敢面对，较少产生消极抑郁的情绪。可见，具备健康的心理，对学生的学习和生活有着十分重要的意义，这是体育教学坚持以心为本的主要原因。

因此，在高校体育教学改革和建设的过程中，我们必须保证让学生轻松快乐地接受学习任务，积极体验学习过程，并获得快乐的体验，同时也能得到成就感和满足感。此外，教师必须发挥体育学科的特点和价值，让学生通过体育活动调节心理问题。比如教师可以创设一种团结协作及良性竞争的学习情境，让学生在合作的过程中体会到友谊，在竞争的过程中感受刺激、感受自己的成长，从而构建学生完整的人格，培养学生正确的认知、顽强的意志、积极的生活态度及友善的行为，提高学生适应社会的能力。总而言之，加强对学生体育健康教育的指导、培养学生良好的学习态度、引导学生认识健康科学的体育观，是促进学生心理健康发展的关键，同时也是学生成长成才的保障。作为高校体育教师，要坚持以心为本的原则，关注学生的内心和情感，提升体育教学的效果。

二、高校体育教学体系重构原则

体育是实现强体、铸品和立德等多元育人目标的重要途径。在多目标指引下，重构高校体育教学体系进程中，要坚持实施"五育"并举的育人思维，通过将高校体育教学与大学生素养生成相融合，培养大学生强体、铸品和立德等多元目标，反思现有体育教学体系的局限性，为大学生创设主动锻炼情境，设计基于多目标的全新体育教学机制。

（一）体育结合德育

品行与道德是高校体育教学中不易发现的隐性内容，为真正做好铸品与立德，需要在强体的实践过程中对其加以重点突出和显性表达。在体育运动价值多样化理念的指引下，开展高校体育教学时，要对体育课堂、体育实践等多元内容进行合理拆分，深度挖掘高校体育教学蕴含的品行与道德，实现从强体向"德体一体"的全面升级。首先，要重视培养和引导大学生形成目标多元、全面关注的体育学习思维，持续改善高校体育教学成效。要以"大健康"观为指引，从强体、铸品、立德等多目标维度重新定义高校体育教学，通过树立协作育人、跨学科育人理念，形成目标多维、力量多元和价值多样的高校体育教学机制。其次，要从体育向健康教育、五育融合升级，通过以"德体一体"为指引，强化大学生的自律意识，普及和推广生命健康教育知识，引导大学生对高校体育教学在生活品质、生命健康和德行品行等多个领域的价值形成全面认知，使大学生养成规律化、生活化的健康习惯。最后，要引导大学生感受体育健身的愉悦趣味、生命激情，揭示强体蕴含的德育内容与价值精神，重点培养大学生的体育思维和体育礼仪、体育规则意识，使大学生在具体体育实践中，将相关体会与感悟转化为个人的行为约束与道德信念，以实现大学生自我超越的终极育人目标。

（二）构建立体课堂

要聚焦强身、铸品和立德等多元育人目标，引导大学生积极参与体育锻炼，通过规范大学生品行、提升大学生道德素养，助力大学生掌握运动技能、增强个人体质，实现从体育课堂向完整体育教学的立体升级。第一，有效把握举办"体育文化节"的机遇，升华大学生对铸品与立德的认识与理解。在举办"体育文化节"时，将体质达标运动、球类项目和传统体育项目等内容融入文化节，为大学生提供形式多样、项目多元的体育项目，通过挖掘其中蕴含的体质健康、竞技体育与体育文化等元素，吸引大学生积极、持续参与，丰富大学生对体育运动的理解和认识。第二，在举办体育赛事、传递体育竞技理念时，要将人文情怀、特长发展和志愿奉献精神等内容融入其中，鼓励大学生以志愿者的身份积极参与，使校园体育活动成为改善大学生体质、提升大学生素养和促进大学生全面发展的重要平台。通过拓宽体育教学的空间广度，构建铸品与立德的真实情景，为大学生创造协作、协同的体育学习环境，使大学生真实感受体育品行与体育道德的多元价值。第三，利用赛事，将大学生纳入裁判员队伍，加深大学生对体育规则的理解与遵循。通过利用活动契机，将强体、铸品与立德等多目标作用综合嵌入体育教学过程，增进大学生对规则意识、行为规范等内容的认知，以实现育人与赛事活动的一体融合目标。

（三）走向协同育人

为实现体育教学的多元目标，需要在开展高质量体育教学的同时，引导大学生挖掘日常生活与体育教学之间的内在关联，增强大学生参与体育锻炼的主动性与自发性，促进大学生自发参与锻炼，主动反思个人道德品行。一方面，要加大体育课堂与大学生社团、协会一体、联动发展的支持力度。通过加大资金支持、配备课外体育指导教师，推动大学生课下锻炼规范化、高质量发展。同时，高校要发挥人工智能优势，完善校内体育资源的科学调配机制，出台体育锻炼设施使用申请制度，为实现大学生"强体"目标创造良好条件。另一方面，要积极调整大学生参与体育学习的心态与价值认识，将主动锻炼意识与校园体育文化环境相融合，通过为大学生提供丰富、生活化的体育学习场景，完善体育课堂内外协同育人机制，使大学生在体育课堂内外均具备良好的体育锻炼条件，真正回归大学生身心健康的育人目标。要重视挖掘大学生的体育品行与体育道德之间的关联性，通过挖掘不同环节的育人资源，实现多目标导向下的育人体系升级。

第三节　高校体育教学的基本模式

一、构建高校体育教学模式需注意的问题

（一）提供制度保障

当前，高校体育教学课程内容比较陈旧、单调，学生缺乏运动的积极性，且体育教学缺乏完善的管理制度，不利于体育育人功能的发挥。因此，不断完善高校体育育人管理制度至关重要。首先，高校要重视体育课程的改进和创新，在课程建设过程中，要遵循学生的心理需求，详细了解学生的兴趣爱好，以此为依据在课程中增设学生喜爱的体育项目，如游泳、健美操、网球、武术等，唤起学生参与体育运动的热情，让学生在学习和锻炼中感受运动的魅力，从而在潜移默化中实现体育的育人功能。其次，重视体育制度建设。高校体育教学的开展需要完善的制度来保障，只有这样，才能保证体育教学的规范性和有效性、才能更好地发挥体育的育人功能。因此，高校要积极开展体育制度建设，如体育设施管理制度、体育人员管理制度、体育活动开展流程等，推动体育教学的规范化和程序化。

（二）营造良好的氛围

氛围对学生的心理和行为有着较大的影响，所以通过营造某种氛围来达成育人的目的一直以来都是学校经常使用的手段。在高校体育教学中，教师不妨通过营造氛围来唤起学生参加体育运动的热情。基于此，高校要将体育教学作为学校建设的重点工作来抓，在学校范围内采取各种方法鼓励体育活动的开展，让学生有更多的机会参与运动，在运动中不断发展和完善自我。[①]一方面，高校必须进一步加强对体育育人的重视程度，要不断完善体育设施和师资配备，要根据实际学情不断扩充体育教学的内容、改进体育教学的形式，让学生爱上体育，积极参与体育运动；另一方面，高校要组织形式多样的体育活动，让学生在比赛或对抗中

---

① 胡晶，张洁. 关于将德育评价纳入体育课程评价体系的几点看法 [J]. 科技资讯，2016，14（1）：129，131.

促进身心发展，形成正确的价值观。例如学校可定期组织运动会、篮球比赛、足球比赛、田径比赛、体育文化节等，还可以鼓励学生成立各种体育社团，让学生有尽可能多的机会参与体育运动，在运动中促进学生体力、脑力、言行和意志的发展，推动学生身心健康成长。

（三）强调学生的主体地位

针对体育育人活动中主体错位的问题，体育教师必须积极转变自身的育人角色，着重强调学生在课堂上的主体地位。一方面，在体育课堂上，教师要为学生预留自主活动的空间，而不是一味地让学生参加教师设计的体育活动，这样学生可以按照自己的兴趣偏好和身体素质选择合适的体育项目。同时，体育教师要更多地关注学生的课堂表现及德育素质方面的内容，如学生参与体育运动的频率、积极性，是否遵守规则等，对于学生在活动中暴露出的不足，教师可以及时纠正，实施有针对性的体育教育。另一方面，要不断丰富学生课外体育活动的内容和形式，学校可以依托体育社团等组织，让学生参加更多的课外体育活动，从而更好地发展学生的体育个性化素质，增强学生在学校体育育人活动中的主体地位。

（四）培养专业的师资队伍

在高校体育教学中，教师的个人素质起着关键性作用，不仅对体育教学质量有整体的影响，同样影响着体育育人功能的实现。专业的教师可以在体育运动过程中科学地融入育人内容，潜移默化地促进学生的身心健康发展，因此培养专业的体育教师队伍势在必行。一方面，教师要建立体育育人观念，不能仅仅将体育教学局限在教授运动技能方面，而应该认识到体育在育人方面的重要作用，并在课程设计、活动组织、体育锻炼方面有意识地对学生进行引导，培养学生坚强的意志、高尚的德行、健康的心理等，促进学生的全面发展；另一方面，体育教师要不断完善和充实自己，提升自身的综合业务能力，体育教师要深入学习体育育人的理论知识，对体育育人建立科学的理解和认知，为教学实践提供理论基础，同时紧跟时代发展，不断创新教学内容和方式，切实发挥体育的育人功能。

二、高校体育教学的主要模式

（一）选项型体育教学模式

选项型体育教学模式，作为一种新兴的体育教学模式，已经被许多高校所运用。相对于传统的教学模式，在选项型体育教学模式之下，学生可以根据自己的兴趣爱好，选择自己感兴趣的运动项目、选择自己喜欢的体育教师进行学习，更能够激发学生的学习兴趣。学生在积极主动的心态下进行学习，有助于学生形成良好的运动习惯，帮助学生树立终身体育意识。但是由于这一教学模式充分尊重学生的自主选择权利，也容易造成学生选课时的盲目性，影响学习效果。因此，教师应该指导学生根据自身的条件与需求科学地选课。

（二）分层次型体育教学模式

在以学生为主体等教学理念的指导之下，要做到尊重学生的个性差异，运用分层次型教学模式进行体育教学。教师不仅要在平时的教学活动当中，根据不同学生的体质状况及基础的不同，设置不同层次的练习内容，而且在进行教学评价的过程当中，也必须根据学生所处层次的不同区别对待，以起到激发身体素质好、基础好学生的学习动力的同时，提高身体素质较差、基础较差，但却认真努力的学生的自信心。

（三）俱乐部型体育教学模式

当前，随着高校体育教学改革进程的推进，俱乐部型体育教学模式备受高校的关注。作为一种新兴的教学模式，能够实现"三自主"的教学要求，有效实现了学生学习内容、学习时间、任课教师的自主选择。对于利用学生课余时间开展体育锻炼，培养学生养成良好的运动习惯具有重要作用。但是这一教学模式也具有一定的局限性，由于许多时候都是在课外时间进行体育活动，弱化了教师的指导作用，影响了学生的学习质量。并且这一教学模式的应用对于硬件设施条件要求较高，因而，在众多高校当中没有得到普及。

（四）翻转课堂教学模式

当前，我们已经迈入了网络时代，网络信息技术被应用于各个领域，一些基于网络信息技术发展而出现的教学模式也脱颖而出，翻转课堂教学模式就是其中之一。翻转课堂教学模式在高校体育教学中的应用，指的是教师提前将教学课件、教学视频制作完善，然后将这些学习视频上传到网络上，要求学生利用课余的时间观看这些教学视频。学生在观看视频的过程中发现问题也可以在线与教师、与同学进行探讨，增强了师生之间、学生与学生之间的互动性，能提高学生的学习兴趣。并且在课堂时间上，师生之间就可以进行更深层次的交流与互动，进一步解决了学生的疑问。这样，一方面能够提高学生的自主学习能力，另一方面能够培养学生的学习兴趣，从而促进课堂教学质量的提升。但是应用翻转课堂教学模式对体育教师提出了更高的要求，这就要求各高校重视对体育教师教学能力的培养，应通过多重方式不断提升教师的信息化教学能力。

三、高校体育教育训练模式的改进

（一）重视体育训练内容

要想改变目前体育训练的教学现状，就要调整体育训练模式。教师应在日常的教学中多收集学生对体育训练内容的建议，并根据学生的建议及需求，不断调整体育训练模式、优化体育训练内容，经过数次教学内容的调整，最终达到最佳的体育训练效果。此外，教师在体育训练调整中切忌以主观意志决定训练内容，要以新颖的训练模式及贴近学生需求的训练内容来激发学生参与体育训练的热情，从而让学生取得更好的学习成果。

（二）增强体能训练

对学生体质健康的评价一般可以划分为身体机能、身体素质、身体形态三部分，由此可以看出，学生体质健康的标准不是掌握了多少项运动技能，而是身体的综合状态。因此，在体育训练中应注意循序渐进地进行体育训练，在学生具备足够的体能支持后，再逐渐学习体育运动项目的基础技能。总之，教师要重视学生的体能训练，增加体能训练内容，进而改善高校体育训练效果。

（三）引进课外体育训练项目

任何科目要想熟练掌握，都需要在课后通过不断练习来积累经验，体育训练也不例外，因此校方应在教学之余，增加课外体育训练拓展项目。当前大学生学习压力较大，难有自由支配的时间，以高校布置课外体育训练项目的方式，让学生参与课外体育训练拓展，可以使他们在增强体质的同时，还能放松精神，以轻松愉快的方式热爱体育运动，促进学生体育训练习惯的养成与培养。

（四）更换体育训练设施

一些高校因各种因素，体育设施十分老旧，更新不及时，这在很大程度上限制了学生的体育运动。因此，高校应完善体育基础设施，避免因体育训练器材老旧而存在安全隐患，给学生带来伤害。老旧的训练设施使学生及教师都无法安心地进行体育训练，而高质量、先进的体育训练设施可在一定程度上提升学生的参与热情，让学生与教师都能积极地投入体育训练中，这更有利于体育事业的长远发展。所以，学校要购置专业的运动训练设备和运动器材，保证体育训练有序地进行。

（五）提高教师的综合素质

提高教师的综合素质和业务水平，是体育训练顺利进行的基础。首先，在教师招聘时应注意选择高素质的教师组建教师队伍；其次，校方应在教师入职后进行继续教育，不断革新体育训练理念，优化体育训练模式，通过不断的学习，吸收新鲜事物应用到体育教育学中，提高自身的综合素质；最后，校方还要以激励的方式增加薪资福利，提高教师的积极性。

第四章　体育强国视域下高校体育文化建设

体育文化是体育教学的重要组成部分，并且体育文化的教育价值不仅仅体现在体育方面，还体现在心理健康教育和思想品德教育方面，更重要的是，体育文化有着丰富性、趣味性的特点，比枯燥的课程更具有吸引力，对培养学生体育兴趣、树立学生体育意识具有明显的作用。因此，在体育强国背景下，高校必须重视体育文化的建设，以有效提高体育教学的实效性。

本章为体育强国视域下高校体育文化建设，先介绍了体育文化的概念和内涵，而后分析了高校体育文化的发展，最后对高校体育文化建设的意义、策略和路径展开了论述。

第一节　体育文化的概念和内涵

一、体育文化的性质、形式和组成

（一）性质

第一，群体性。在高校环境中，体育活动大部分以群体性形式出现，这也是高校体育文化是群体文化的根本原因。

第二，自由性。在人文治学的今天，校园更讲究个性培养，给予大学生更宽松的环境，使其可以结合自身爱好、能力、特长等来选择自己的发展方向，体育教学也同样如此，体育文化也就自然而然地有了自由性的烙印。

第三，融合性。高校体育文化因高校不同而存在差异，可以彼此交流并逐渐融合。

第四，发展性。高校体育文化与所有事物都一样，有其诞生、发展、成熟的过程。[①]

（二）形式

大学体育文化形式根据具体体育项目可划分为田径、体操、篮球、足球等数

---

① 李丹. "健康中国"背景下吉林省高校体育与健康课程对大学生心理健康影响研究 [J]. 理论观察，2020（1）：155-157.

十种形式；从文化组织构成角度划分，可分为体育社团、项目小组、爱好群体、个人等；从民族体育角度划分，可以分为非遗体育活动、传统体育项目等。

（三）组成

体育文化主要由价值与观念、技术规范、技术与教育、体育设施4个方面构成，或者可以说是物质层次和精神层次构成了高校体育文化。

二、高校校园体育文化的特征

（一）客观存在性

高校体育文化具有客观存在性。可以说，只要有体育运动的存在，就可以形成体育文化。高校在进行体育文化的渗透与融合时，需要教师将体育文化的精神及宗旨进行普及，学生在对其进行吸收时，可通过体育课程或者体育运动锻炼实质感悟体育文化的熏陶，在领悟体育文化的过程中，学生会逐渐养成积极健康的品格。透过体育文化精神的学习与培养，高校不仅会形成积极向上的校园氛围，还会提升学生的体育素养，培养学生的健全人格。

（二）自由性

自由发展属于核心素养的一部分，该理论主要倡导以学生的自主发展、自由学习、主动学习为主。高校体育文化之所以具有自由性的特征，是因为体育文化本来就具有形而上学的意味与形式，这种文化并没有固定的概念与理论，可以说每个人心中都有其所认定的体育文化内涵理解。体育文化在漫长的发展历程中，逐渐构成了校园文化不可或缺的一部分。它从属于校园文化，不断丰富和发展着校园文化，可以说，体育文化凭借优越的体育素养及自由多变的体育运动实践形式，逐渐构成了高校校园文化不可或缺、极为重要的一环。由于高校对于体育文化的重视，越来越多的体育运动形式提上日程。这种实践形式的安排，一方面能够锻炼学生的体育运动素养，使其逐步领悟体育文化的实质；另一方面，在兴趣驱使下，会自发形成校园体育文化圈，通过越来越多的学生投入体育文化兴趣圈中，不断充实和发展体育文化。

（三）情境化

高校体育文化与体育运动有着十分密切的联系，所以高校体育文化具有情境化特征。在体育教学过程中，为了引导学生正确、深度理解体育文化，很多高校会采取情境化的教育方式，比如组织相关的体育实践活动，让学生在参与活动的过程中，可以通过自身真实的情感体验来感知体育文化的精神及内涵。在开展情境式的体育运动锻炼及体育实践项目时，教师需要对既定训练主题的关键内容进行相关情境的安排。在实际训练的过程中，因为情境的构建、实践的思考，学生对相关的内容会不断产生实践的热情；在实践锻炼中，学生能够积极发挥自身的体育运动技能，并得到身体素质和体育能力的提升，从而保护学生参与体育文化研究、活动和实践训练的热情，加深学生对于体育美学的认识。当然，由于体育文化具有较高的包容性，从某种程度上来说，这种文化是校园文化的精神，也代表了高校大学生的优良品质。学生在参与某类情境式的体育活动时，会在情境的启发下，发散思维，积极主动地参与和表现。一方面，学生可以根据自身掌握和理解的体育理论，与实际进行联系，从而形成自身对于体育文化的独特理解；另一方面，通过情境化体育活动的构建，可以不断丰富、拓展体育文化的实质意义，不断培养学生健康的体魄，培养学生坚韧、执着的性格，健全学生的人格，同时不断提升学生的体育文化素养，使其真正领悟文化的内涵。

三、高校体育文化的作用机制与功能

（一）高校体育文化的作用机制

1. 作用于学生的心理

高校体育文化倡导学生在运动场挥洒汗水，在群体运动中塑造敢打敢拼的性格，建立积极心态，懂得对待事情要积极主动，并可以在比赛双方的对抗中正确认识竞争，能够习惯竞争、喜欢竞争，明白竞争对自身发展的重要性。事实也证明，喜欢运动的大学生比不喜欢运动的大学生要乐观、豁达。笔者在教学实践过程中发现，很多学生入学时并不是非常合群，爱好少且不爱交流，待人接物比较拘谨，但是之后由于经常参与体育运动，加入了体育社团，最终变得乐观、大方，敢于表达自己的观点，也因此结交了很多朋友。实际上，这都是由于体育文化作用于他们的心理，让他们有了积极的心态[①]。

2. 作用于学生的体质

高校体育文化通过改善大学生的心理状态（不喜欢体育运动）、不良生活习惯（看手机、玩游戏），使其对运动产生兴趣，进而逐渐改善体质及提高体能。这个过程并非一蹴而就的，尤其是体质较差的学生，要经历从抗拒体育运动到接受体育运动，最后喜欢上体育运动的过程，这一过程时间较长，只有学生养成了运动习惯，才能接受运动并体会到运动带来的愉悦感。由此可见，体育文化对个

---

① 许万林，王云升，刘少敏，等. 论校园体育文化对学生品格形成的影响与作用 [J]. 经济研究导刊，2020（5）：64-67.

人心理的影响是强大的，其突破了大学生不爱运动的心理瓶颈，最终使其在快乐运动中养成了良好的体质。

3. 作用于学生的个性与人格

个性是个人性格的综合，具有独特性，是个人区别于他人的显著标志之一。人格则是指作为一个健康的人要具有自我控制、自我调节的能力及清晰的自我意识。由此可见，塑造良好的性格可以让人建立良好的人格。高校体育文化具有规范教育、制度教育、文化教育、思想教育等内容，对于人的个性有塑造功能，大学生通过体育文化可以认识到规范、制度的重要性，从而建立守法守约意识；在高校体育文化主张的"分工合作，拼搏进取"的观念下，大学生能够敞开心扉接受他人；建立人人平等思想，认识到竞争的重要性，并能够学会发挥自己的优势赢得竞争。总而言之，大学生在4年高校体育文化的熏陶下，可以形成健康向上的人格。

（二）高校体育文化的功能

1. 愉悦身心的功能

高校体育文化具备愉悦身心的功能。由于高校学习压力较大，学生大多思想负担重，很多学生忽视了体育活动的锻炼，导致很多学生身体素质较差。而通过一定的体育实践项目的参与，学生在体育活动的交流互动中，不仅能够释放压力、愉悦身心，还能够激发学生对于体育文化的学习兴趣。在体育活动的进行中，高校要让学生养成体育习惯、打下良好的素质基础，在体育实践项目安排中，学生凭借坚毅的人格及不怕苦、不怕累的精神参与体育实践活动，可以形成正确的运动、生活行为，锻造优秀的人格。在这样的体育文化环境中学生不仅对体育美学的认识会有所加深，同时还能够开拓自身的体育文化视野，也让美育在体育文化的熏陶下得到一定程度的提高，从而促进学生对于体育文化的真正领悟。

2. 强身健体的功能

高校体育文化具有强身健体的功能。上文已经提到体育文化与体育实践活动息息相关，当高校促进学生的体能素质养成时，不得不与体育实践活动进行联系与融合。体育训练课程的创新与体育文化的融合有助于学生形成正确的"健康体育"意识，并根据自身的体育运动学习情况和兴趣制订针对性的体能锻炼计划，同时针对自己的缺点和弱势作出及时的调整，在不断的体能训练中发现体育运动的魅力、认识运动训练的价值、理解体育精神的力量，还能够不断提高学生的身体素质，起到健身的功能。当然，由于校园体育文化注重学生精神层面的培养，学生参与体育训练活动，一方面，达到健身的作用，使体能素质良好；另一方面，学生在亲身体验校园体育活动时，对于体育活动的用意、训练方向、培养方式、精神品格培养等会产生新的内心感悟，逐步扩大校园体育文化的影响与魅力，最终促使体育优良品格惠及全体学生。

3. 立德树人的功能

高校体育文化具有立德树人的功能。立德，也就是道德的建立。高校体育文化之所以具有立德树人的功能和作用，主要是因为体育文化是体育运动精神和体育行为的提炼。一般来说，学生要领悟体育文化，总少不了体育实践活动的参与，正是因为学生在体育活动的锤炼和考验下，会形成更加坚毅的体育品格，锻造了学生积极向上的思想素质，促使学生在参与社会行为时，会考量是非因素，从而作出正确的道德判断。

由此可见，高校推行体育文化的渗透与理解，能够促使学生形成正确的体育理念、价值判断和道德情操，进而引导学生实现知行的统一，也就是能够将自己所知所想体现在现实生活中，这是体育文化的价值内核，也是高校体育文化实行的最高目标。

第二节　高校体育文化的发展

一、高校体育文化发展的现状

（一）体育基础建设资金投入相对薄弱

高校体育物质文化建设对校园体育文化的发展起着基础保障和支撑作用。体育场馆、体育器材等硬件设施的建设完善需要大量的资金投入，虽然各级教育部门出台了相关的评估考核标准来促进高校体育硬件设施建设，但是薄弱的经济基础及扩建校区消耗的大量资金已经无法满足体育场馆、体育器材等更新完善所需要的资金。

（二）体育文化建设意识不强

体育文化建设在当下很多高校仍然没有引起足够的重视，"重文轻武"仍是普遍现象，更别提安排专门的部门进行管理了。有的学校宁可削减体育场馆建设的维修资金只为了多建一座实验楼；还有的高校宁肯投入大量资金鼓励、支持科研项目申报及学术论文发表，也不愿意为体育方面投入资金支持，他们认为体育教育无论如何开展都不会像科研那样在评估中获得高回报率。这种错误的认识大大地限制了高校体育文化的建设与发展，更不能有效地发挥其育人作用。

（三）学校领导重视不够

校园体育文化氛围与领导的重视程度密不可分。尽管国家出台了很多促进青少年体质健康发展的文件，但是实际执行落地情况不容乐观，许多高校存在体育管理松散的局面，没有一个长远的体育发展规划。很多领导只看到了体育的健身功能，忽视了体育的育人功能，片面地把校园体育文化看作多举办一些体育比赛或多组织体育活动，局限于形式上的重视，对精神文化和制度文化层面的重视还不够，从而弱化了高校体育文化的育人功能。

（四）体育师资严重不足

体育教师作为体育教学和体育活动的组织者，在校园体育文化的建设和发展中扮演着重要的角色。体育教师独特的人格魅力和教育行为潜移默化地影响着学生的体育行为。然而，很多高校体育教师和学生的比例远远低于教育部的要求。体育教师的数量和质量对高校体育文化建设的影响也很直接。

（五）学生参与体育活动热情不高

信息化时代除了给学生获取知识提供了更多、更方便的途径外，也使他们形成了不良的生活习惯，如整天刷微博、聊天、玩游戏等，导致在网络的虚拟世界里度过了一天又一天。这些不良习惯严重影响了学生的身体健康，导致其身体素质下降。另外，校园体育活动缺乏新意，不能够吸引学生有效参与其中，导致体会不到体育带来的快乐和成就感。学生体育活动的参与热情影响校园体育活动的开展和校园体育文化的发展。

（六）体育教学系统不完善

大部分高校在校风建设上缺乏全局观，只是将学风、教风作为重点，对体育文化建设重视不足，且在定位、传播、创新等方面都缺乏研究。这主要是因为大学校园在体育教学方面缺乏重视，教学系统性不足，德育渗透不够，体育与大学生心态、体能、个性、人格等关联性不密切，大学生感受不到体育的益处，造成了学生学习上的松散消极，对体育文化自然缺乏认识。

（七）体育文化传播不力

高校体育文化作为高校校园文化的组成部分，却缺乏传播媒介，校园内各类媒介大部分体现的是学术内容、纪律内容，以及一些招纳社员的社团海报等。而且在新媒体时代，高校体育文化在校园官网上只处于不显眼的位置。媒介传导的缺乏，导致了高校体育文化难以走进大学生心中。

二、高校体育文化发展的建议

（一）提高高校体育文化建设水平

首先，在建设上要形成大局观，要重视体育文化对学生精神、心态、体能、个性、人格等方面成长的重要性。理顺体育文化和大学生二者关系后，要在其定位、传播、创新上投入精力。定位上需要多考虑其他院校定位，这样才能确保本校体育文化定位的独特性、鲜明性；传播上需要融合新媒体、新方法，抓住大学生媒体阅读特点，做到靶向宣传；在创新上多纳谏、多倾听大学生群体的意见。最主要的是，高校必须对体育教学重视起来，将体育课堂作为体育文化宣传教育的主战场，要让大学生认识到体育文化的魅力，愿意从中学到自己所需的内容，这样才能使体育文化在大学生群体中扎根。

（二）丰富高校体育文化传播媒介

高校内宣传角、各班板报、校报、官网等都可以开辟体育文化板块，以文字、图片、视频等形式展示学生运动的身影，优美的文字、生动的图片、激烈竞赛的视频，无一不是吸引大学生目光的利器；积极开展体育社团，对社团展开体育文化教育，使其成为该文化传播的传播者、传播载体，让其成为该文化的铁杆受众，以点带面覆盖全校；善于利用自媒体如微博、博客、论坛、微信等来发送体育文化内容，制造话题引发讨论，让体育文化成为文化主流之一；尤其是能够认识到现代传播的"大众传播"机制，明白传播者亦是接收者，每个人都掌握自己的宣传媒体，每个人都是媒体人，只有认识到了这个现实，才能在传播内容、传播方法上形成突破。

（三）增加对体育物质文化建设的投入

高校体育物质文化建设主要包括体育场地与设施建设、体育标志性建筑与体育雕塑、体育图书等方面。体育场馆是高校的体育标志性建筑，部分高校受限于资金，所建设的体育场馆缺乏新意，建筑设计效果不尽如人意，功能单一，降低了体育场馆的利用率，弱化了体育场馆的育人价值。体育雕塑在高校校园中并不多见，仅有少数学校有体育雕塑并且个数也较少，体育雕塑放置位置也不是很醒目，这些都体现了高校校园体育雕塑建设方面存在较大的改善空间。高校图书馆为师生提供的体育图书资料无论是数量上还是种类上都严重不足。

而体育文化的建设与发展在一定程度上依赖于物质文化基础，所以，高校必须加大对体育物质文化建设的投入，包括完善体育建筑、设施与场地，给学生提供良好的运动环境，这样才能给体育文化建设奠定良好的基础。

（四）引起学生对体育文化的重视

当代大学生正处在信息化时代，整天对着手机、电脑聊 QQ、微信，看视频等，参加体育锻炼的人越来越少，他们的日常生活已经开始远离体育活动了，校园体育氛围逐渐走低。而很多高校的体育活动无法激起学生的参与热情，因此也就很难把"体育"升华到"体育文化"的高度了。另外，随着社会经济的发展，人们的生活方式发生了很大的变化，很多人工被机器所取代，更加减少了学生进行身体锻炼的机会，在一定程度上限制了学生体质的发展。

而大学生是受教育主体，大学生在体育方面的表现，是衡量高校体育教育水平的重要标准。并且，加强体育文化建设的主要目的，也是为了促进大学生的全面健康发展。因此，高校必须通过有效的手段，如加强体育文化宣传等，来引起大学生对体育文化的重视与情绪，让大学生主动学习体育文化，主动参与体育运动，从而更好地实现高校体育教育的核心目标。

（五）完善体育制度文化建设

体育制度文化能够为校园体育文化的建设发展保驾护航。国家制定、出台了诸多促进高校体育事业发展的指导性文件，各种指标系统具体，可量化、可操作。各校应根据实际制定符合本校的政策制度，来指导体育文化建设与发展。通过规章制度的强制性和约束性来引导学生从被动参与运动到主动积极参与，同时培养学生的规则意识。各大高校在国家政策的基础上大都制定了体育管理制度（或条例），体育活动管理条例、体育课堂常规、体育社团管理条例等，对体育教师的监督奖励、体育文明规范、体育法律法规方面的制度还不够完善，在政策制度执行落实上缺少有效的监督，这些问题都必须得到重视和解决，这样才能推动体育文化的健康发展。

（六）发掘校园体育文化隐性教育功能

高校体育教育大多数是灌输式教学，主要传授教材内容，忽视学生情感、意志、品质的培养，抑制了学生对体育活动的参与热情，无法激发学生主动参与体育活动的内动力。而在校园体育文化环境中存在的一些隐性教育因素往往会被忽视。例如体育教师的人格魅力和教育行为，课堂学习氛围等随时都可能激发学生的锻炼激情；在进行体育游戏时，能教会学生遵守社会规范和掌握一定的人际交往能力；参与体育比赛能够锻炼学生的挑战精神和创造精神；等等。所以，高校及高校体育教师要重视对校园体育文化隐性功能的发掘。比如作为体育教师，在日常教学活动中要格外注重自己的言行举止、恪守体育制度与精神、给学生树立良好榜样、引导学生见贤思齐。另外，教师可以举办各种体育活动，在活动中渗透一些为人处世的道理，给学生带来良好的熏陶。通过校园体育文化隐性教育功能的发掘，可以最大限度地发挥体育文化的教育价值。

（七）突出体育精神文化育人功能

体育精神文化的建设往往是高校体育文化建设比较薄弱也是容易被忽视的层面。良好的校园体育精神文化可提升学生大局意识、增强社会责任感、坚持正确的政治方向。体育口号、体育标语作为传播体育精神文化的主要载体直接影响着师生的体育态度。清华大学的体育文化在全国都有较大的影响，"无体育，不清华"的口号渗透着清华人对体育的执着和热爱，不断影响着每一位清华人学习体育、参与体育。虽然只是简单的六字口号，却凝练了清华体育的独特精神文化。然而，目前很多高校却忽视了体育精神文化的建设与发展。所以，为了点燃大学生对体育的热情，高校必须重视对体育精神文化的建设，并采取新颖的、科学的、学生乐于接受的方式，从而使校园体育文化得到完善，让学生通过体育的学习得到多方面素质的提升。

第三节　高校体育文化体系的建设

一、高校体育文化建设的意义

（一）在体育教学改革方面的意义

随着经济与社会的发展、随着中国逐步从传统向现代化转变、随着我国体育革新的逐步深化，体育教育在高校逐渐得到重视，逐步从边缘走向中心，广大青年学生对身心健康、体育训练的重视度也正在逐步提升，高校体育日益生机勃勃、活力四射。然而，大学体育教学改革也存在一定的问题，突出问题是缺乏组合效应，导致体育育人效用没有充分达成。

一方面，体育课堂教学和课外文体活动各自为政，二者之间没有进行相互的协同与合作，形成合力的可能性为零；另一方面，大学校园内的体育和校园外的体育差异极大，学生终究会步入社会，在学校接受的体育，如果与社会体育无法对接，甚至脱节，那么终身体育事业将成为空谈。

要解决上述问题，就要弥补当前大学体育教学的短板和缺陷，重视大学校园体育文化的构建和发展。大学体育教学工作的视野应该进行拓展，不能仅局限于运动。体育文化是大学体育教学的根基，如果没有这个根基，就不可能产生体育，也无法兴盛体育事业。只有强化大学体育文化建设，形成一个协同、合作和促进的机制，才能让大学的体育工作更加坚实和高效，从而促进高等教育事业的进步[1]。

（二）在校园建设方面的意义

1. 促进校园文化的建设

大学校园文化是一种副文化，它隶属于主文化——社会文化，其存在于大学校园，主要参与者是广大青年学生，主要活动形式是各种各样的第二课堂活动和课外活动，基础样式和情态是多专业、多范畴的普遍沟通和特定的生活节律。从时间上来说，不同的时代具有不同的大学校园文化；从空间上来说，不同的国家和地区具有不同的大学校园文化。

如果体育文化是一个大系统，大学校园体育文化则是其中的一个小系统。大学校园体育文化在大学特定环境中孕育而来，是体育文化这个主文化的一个副文化。就大学文明程度的层面而言，大学校园体育文化水准和大学文明水准之间呈现正相关的关系，换言之，某个大学的体育文化水准越高，该大学的文明层次也就越高；就学生层面而言，大学校园体育文化的打造和构建也具有重要的意义，有利于让广大青年学生的精神家园更加多彩多姿，有利于陶冶广大青年学生高尚的情操，有利于让广大青年学生养成崇高的思想品德，有利于让广大青年学生的素质得到充分的、全面的、自由的发展。总之，大学校园体育文化的建设能极大地推动大学校园文化的发展，促进社会主义事业建设者及接班人的培养。

2. 有利于构建和谐校园

和谐校园的建设是一个复杂的战略系统工程，其所包含的子系统比较丰富，而大学校园体育文化的发展和繁荣则是其中的子系统之一。优秀的高校体育文化也是一个庞大的系统，其至少包括以下子系统：一是浓郁的学术气氛；二是多彩多姿的文体活动；三是融洽的人际关系；四是优雅的生活方式；五是美好的校园氛围；六是一致的价值追求。

广大教职工和青年学生，一方面是校园文化建设的主要认识者和实践者（主体）；另一方面，他们又是校园文化建设的客观事物（客体）。正如前文所述，和谐的大学校园具有十分重要的价值，一是能让广大教职工和青年学生的情操更加高尚；二是能让广大教职工和青年学生的灵魂更加纯粹和美好。

创设和谐的高校校园文化的方法如下：一是要用高校文化所包含的崇高信仰来陶冶、教化广大教职工和青年学生；二是要用高校文化所包含的道德伦理来陶冶、教化广大教职工和青年学生；三是要用高校文化所包含的美学理念、审美情

---

[1] 郑鹏飞. 高校体育文化建设现状与解决措施 [J]. 体育风尚，2021（1）：181-182.

趣来陶冶、教化广大教职工和青年学生。让广大教职工和青年学生，同心同德、群策群力地建设崇高的、健康的、优雅的大学校园文化。

和谐的大学校园体育文化氛围的存在意义在于：一是能让广大教职工和青年学生在直观、形象和真实的各种体育活动中，接受以改革创新为主题的时代精神的陶冶，接受良好社会风尚的熏陶；二是能建设宽容、宽松、宽厚、民主、平等、公正的体育教育氛围，从而构建有利于学生创新的机制，让广大青年学生在学习、生活、社会实践方面形成独立自主的优良作风，助推他们的身心得到充分的、全面的、自由的进步；三是能让大学校园内的人际关系变得更加融洽、友善，在各种形式的体育活动中，广大教职工和青年学生彼此尊重、彼此关心、严以律己、宽以待人，换言之，让广大师生在体育文化环境中学会克己为人、克己爱人、克己敬人。

（三）在教学质量方面的意义

文化教育能够给高校、民族和国家带来非同一般的影响，对于高校的体育教学更是如此。文化教育具备其明显的积极因素，更毫无疑问地具备其存在的价值，而这种价值需要不断融入高校体育教学中，让学生在体育中享受乐趣、拓展文化知识，体会文化教育的真正魅力，不断增强自身体质、健全自身人格、锤炼自身意志，让高校体育教学对学生、对高校、对教育的发展大有裨益。

1. 提高教师的教学素养

从某种程度上来说，体育文化教育就是体育教育与文化教育的结合。体育教学与文化教学的融合对高校教师提出了更高的要求，这就表示两者的融合能够不断提高高校的教学素养，促进教师教学水平的不断提高、专业知识的不断拓展，教师在这样的改革过程中将不断更新知识体系，扩展自身对相关文化的知识面，以使体育教学与文化教育融合的有效性不断提升，为高校体育教学质量的提升具有极大的积极作用。教师与学生是体育教学当中的主体，体育教师对学生进行教育，教师对于学生的影响是很大的，教师的个人素质及教学素质会在很大程度上影响学生对于课程的接受程度，所以需要提高教师的教学素养，才能为学校培养更多的人才。而对于教师的教学素养要求，一方面可以对于本校目前的教师进行培训或者考核，让教师重视提升自己的教学素质；另一方面是在招聘新教师方面，对于新教师提出更高的专业要求。

2. 提高高校的总体教学质量

体育教学与文化教学的不断融合能够提高整个高校的综合教学水平，提高两者教学的联系紧密性，促进高校教育整体质量水平的有效提升。同时，在与文化教育的融合过程中，能够在一定程度上转变高校学生的体育学习方式，充分地尊重学生的中心地位，使教育水平更好地提升。体育教学的主要目的就是锻炼学生的身体素质，高效的学习需要学生保证自己能保持一个较高水平的身体素质。所以对于体育学习方式地改变，让学生会意识到体育学习的重要性，从而加强对自身身体素质的锻炼，也就间接地提高了学校的总体教学质量。

（四）在学校竞争力方面的意义

大学校园体育文化的建设有利于提升学校的竞争力。严复的《天演论》翻译自托马斯·亨利·赫胥黎（Thomas Henry Huxley）的《进化论和伦理学》，其中说："物竞天择，适者生存。"生存斗争是宇宙永恒的主题，人与人之间存在竞争、社会组织之间存在竞争、民族之间存在竞争、国家之间存在竞争。同理，大学和大学之间也存在竞争，而大学体育文化是大学的竞争力之一。支撑和反映大学体育文化的指标主要包括硬件和软件，硬件包括足球场、篮球场、田径场、体育器材、体育教师队伍、教练队伍和各种运动队等；软件包括健康理念、体育理念和体育精神等，而且软件是中心标志。

当前，我国现代化事业建设进度一日千里、经济与社会发展日新月异，我国社会正从传统型向现代转型，方方面面正在发生翻天覆地的变化，高等教育改革也在逐步深化和拓展，高等教育正呈现新的变化——国际化的变化和社会化的变化。例如大学之间可以互相聘任教职工、大学生可以跨校选修课程、大学之间互相认可学分、学校和企事业单位资源共享等。大学和大学之间的"外交活动"，大学和社会的"外交活动"具有深远的意义：一是可以让校园生活变得更加多彩多姿；二是有利于让学生加深对社会的认识；三是有利于提升学生的社会交际水平；四是有利于培养学生的社会参与意识，而非坐而论道、纸上谈兵；五是有利于拓展大学之间的合作与交流。

通常而言，凡是知名度、美誉度和品牌度比较高的大学，其校园体育文化具有以下几个特点：一是朝气蓬勃、积极向上；二是五彩缤纷、多彩多姿；三是生龙活虎、斗志昂扬。

因此，在当前大变革、大发展的新时代，各大学应该创先争优，塑造自己美好的形象，创建高水平的校园文化，努力提升大学的文化内涵，努力提升大学的知名度、美誉度和品牌度，而大学体育文化的建设必然是一项具有深远意义的工作。

（五）在学生培养方面的意义

1. 有利于培养学生的体育意志与体育认识

传统观念的作用具有强大的惯性，它对大学体育教职员工和学生的影响巨大。

传统观念的强大感染力，导致目前许多大学体育教学活动的主要内容局限于以下范围：一是侧重于向学生传递、讲授锻炼身心的理论知识；二是侧重于向学生传递、讲授锻炼身心的技术和能力；三是侧重于向学生传递、讲授增强身体素质的理论和方法；四是侧重于培养学生养成磨炼身心的习性。这就存在一个问题，诸如乐观自信、实事求是、公平公正、集体主义、英雄主义和爱国主义等体育精神的培养在大学体育教学中则付之阙如。

体育精神的缺失带来的弊端有很多，如背离了培养合格的社会主义建设者和接班人的目标，无法让学生的体育消费需求得到满足，学生对体育的激情、热情、热爱得不到勉励和鼓舞。

针对以上问题，大学应建设充满正能量的体育文化，充分利用其积极而独特的作用，打造特色斐然、内涵饱满、魅力强大的体育文化场（氛围），让广大青年学生在体育文化氛围中，接受其熏陶、感染、感化、磨炼和陶冶，使他们的体育精神、体育意志和体育认识得到培养，并形成终身体育的理念、形成热爱体育的好习惯、形成锻炼身心的好作风。

2. 有利于实施素质教育

长久以来，党和国家十分重视广大青年学生的素质教育，党中央和国务院多次下发文件，颁布法律条文，强调要重视学生的德育、智育、体育、美育。而体育和德育、智育、美育虽然隶属于不同的教育范畴，但是它们之间存在一定的融通之处，彼此之间有相互弥补、相互渗透的地方。建设健康向上的大学校园体育文化是一个重要的教育策略和途径，有利于助推素质教育的成功实施。

大学对校园体育文化的建设通常会采取以下措施：一是开展筹划完备、组织严密、目的明确的体育训练项目和活动；二是开展筹划完备、组织严密、目的明确的体育竞赛；三是开展筹划完备、组织严密、目的明确的课外体育社团活动；从而形成浓郁的校园体育文化氛围。

在浓郁的校园体育文化氛围中学习、生活、工作的教职工和大学生，他们的身体、精神和行为均能得到良好的调整、休养，师生的素质均能得到充分、全面、自由的发展。浓郁的校园体育文化氛围不但能促进学生体育才华的发展和身心健康的提升，还能培养学生的各种美德，如乐观自信、实事求是、公平公正、坚韧不拔、集体主义、英雄主义和爱国主义等。假如能联系各所大学的实际情况，独创性地举办各种形式的、充满正能量的体育活动，那么广大青年大学生将树立"健康至上""终身体育"的正确体育价值观，素质教育便能够在无形中得以实现。因此，高校体育文化的建设工作是实施素质教育的应有之义，也是高校体育工作者的工作重点和目标。

3. 促进学生全面健康发展

社会应培养出素质和专业度更高的新时代人才，使学生能够在大学自由开放的环境下发展自我，找到兴趣点，促进自身的全面发展。而高校体育文化教育就能极大地满足高校教育的需求，一方面有效提升高校学生的身体素质，促进学生身心均衡发展。在高校体育教学改革中融入文化教育，能够为学生的全面发展创造更加完善的平台、提供更加优化的方案。加强体育教学和文化教育两者融合能够对学生的身体素质和文化、心理素质等方面进行全面指导和提高，从而促进学生全面发展。很多学生对于体育教学都保持着一种畏惧心理，所以也有很多学生不愿意接受高校开展的体育教育。但是将体育教学与文化教育融合，就能够通过文化教育让学生理解体育教学，学生还能意识到体育教学对于自己身体素质的帮助，会更加主动地接受体育教学，有效提高学生的身体素质。

（六）在体育强国方面的意义

体育强国就是通过加强对我国体育事业的建设，增强全民体质，引导国民传承和弘扬体育精神，最终使国民体质领先于其他国家，这是我国重要的发展目标。但是，理论是实践的根基，思想、意识、观念是人们采取行动的基础，要想让全民参与体育运动，特别是引导青年大学生保持体育运动的习惯，首先就要树立他们的体育意识，使其认识到体育事业发展对国家乃至个体的重要意义，要想实现这一目标，就必须借助体育文化的力量。体育文化具有多元、包容的特征，通过校园体育文化营造，可以实现一种潜移默化、春风化雨的教育效果，让学生在文化的陶然下自觉参与体育活动，形成体育锻炼的习惯、构建良好的校园风气，最终促进体育强国目标的实现。

二、高校体育文化建设策略

高校体育文化主要包括体育物质文化、体育制度文化、体育精神文化及体育行为文化，从这几个方面对高校体育文化建设工作进行优化，能够确保高校体育文化发展呈现出规范化、科学化的特征，进而为高校体育文化育人功能的实现提供保障。

（一）校园体育物质文化

在高校体育文化建设过程中，物质文化是最基础的，它是一种外在显示的内容，不仅能够体现高校对体育文化的认知和价值取向，也支撑着高校开展各种体育活动。在体育物质文化的优化中，高校需要做好两个方面的工作。

1．高校需要重视对自身体育物质文化进行科学的布局

在此方面，高校不仅需要围绕育人工作发展趋势及师生对校园体育物质文化建设所具有的需求，有针对性地完善高校体育文化基础设施，而且有必要在对高校体育物质文化进行合理布局的基础上，确保高校体育物质文化与校园文化整体建设和发展方向、校园其他方面的物质文化及校园环境呈现出更高的适应性与匹配度，并有效提升校园体育基础设施所具有的利用率，彰显出体育物质文化在推进体育文化发展中的重要作用。如在体育场馆建筑风格方面，高校需要对校园整体建筑风格进行考虑，而在体育场馆的位置方面，高校则需要确保体育场馆与师生宿舍、教室等呈现出适宜的距离。

2．高校需要重视提升校园体育人文景观的文化品位

体育、绿化、体育雕塑等体育人文景观，不仅呈现了高校对体育文化建设的重视程度及对体育文化建设工作所具有的理解，而且也在一定程度上传达和体现了高校所具有的育人理念等。为此，在体育人文景观的构建中，高校需要重视提升其文化品位，通过这些人文景观传达出正确的、积极向上的体育精神，塑造出良好的体育氛围，进而为学生体育价值观的养成奠定良好基础。

总之，物质文化建设的根本目的是发挥环境育人的作用。而良好的校园体育育人环境离不开健全的体育基础设施建设作为基础。学校领导要足够重视，加大体育经费投入，完善体育基础设施建设，提高体育场馆设施的利用率；根据学校特色体育项目建设标志性的体育建筑或雕塑，强化体育物质资源的育人功能；利用校园有限的环境资源开发有效的健身路径、营造良好的体育风气；通过墙报、校园广播、校报等媒介作关于体育方面的宣传；发展体育科研，丰富馆藏体育图书、期刊等。

（二）校园体育制度文化

在高校校园体育文化建设优化工作中，校园体育制度文化的建设与优化能够为高校校园体育文化的规范化发展、科学化发展提供保障。在对体育制度文化进行优化的实践中，高校既需要重视构建完善的体育规章制度，而且需要促使体育制度文化呈现出以人为本的特点，并确保这些制度文化能有效的落实与贯彻。一是在体育规章制度的建设中，高校需要围绕体育教学发展需求、体育精神文化活动组织需求，有针对性地制定各项规章制度，从而有效规范高校管理工作者、教育工作者及学生在体育教学和体育活动中的行为。如高校可以围绕体育教学活动，构建课堂纪律规范，促使师生在教学活动中展现出良好的教风与学风。与此同时，针对体育运动场馆的利用，高校可以围绕设施的使用与维护制定规章制度，确保

体育场馆能够得到规范化的管理，并发挥出自身所具有的价值。二是从体育制度文化以人为本导向的彰显来看，在高校体育文化发展过程中，制度文化的构建服务于体育文化建设工作的优化，也服务于高校育人工作的发展，因此，制度文化的优化需要体现出对师生发展的重视，并尊重师生对制度文化建设的需求和期待。如在体育规章制度的构建与调整过程中，高校需要重视为师生提供意见发表渠道并重视以此为依据开展制度构建与调整工作，从而促使制度文化建设过程呈现出民主性的特征。三是体育规章制度的贯彻与落实需要依赖于完善的考评机制、责任机制及监督机制。为此，高校需要对体育规章制度执行效果与预期效果进行比较，了解体育规章制度执行过程中存在的问题及责任人，并依托奖惩制度来规范执行主体行为，激发执行主体积极性，从而促使高校体育规章制度获得更好的执行效果。

总而言之，制度是发展的保障，高校校园体育文化管理制度是规范大学生校园体育行为的保障。优秀的校园体育制度文化决定了学生的体育意识，有利于塑造其健全的体育人格。通过制定和完善体育管理、评价、监督和激励制度，来保障校园体育制度文化建设有序发展。有了完善的制度保障，师生组织开展体育活动也就没有了后顾之忧。规范化和制度化的规章制度约束学生有序参与活动的同时，对培养学生社会责任感和规则意识也起到了重要作用。

（三）校园体育精神文化

高校体育精神文化是高校体育文化中的内核，主要体现为高校师生群体所具有的体育价值观及体育精神等。在校园体育精神文化的优化中，高校需要做好以下几个方面的工作。

一是高校需要弘扬正确的体育文化价值观，重视挖掘体育文化中所蕴含的集体主义精神、团结协作精神及爱国主义精神，确保学生能够通过对正确的体育文化价值观的了解，促使学生养成积极向上的人生态度。在此过程中，高校需要对正确的体育文化价值观及其案例开展宣传，依托校园媒体及寓教于乐的方式强化体育文化价值观所具有的渗透性与感染力，从而充分发挥出体育文化价值观所具有的育人功能。

二是高校有必要围绕自身特色提出差异化、个性化的体育文化理念。这要求高校能够推进校园体育精神文化建设与高校品牌化建设实现深度结合，促使体育精神文化与高校优秀文化传统、办学理念相互渗透。在此基础上，高校还需要围绕差异化、个性化的体育文化理念组织各类体育文化活动，从而促使高校师生对这些体育文化理念进行践行并深化对这些体育文化理念的理解。当然，无论是体育文化价值观的宣传与弘扬，还是体育文化理念的差异化与个性化发展，都难以在短期内完成。为此，高校需要围绕这些工作制定长期发展战略与发展方案，确保这些工作能够分阶段、按部就班的开展。与此同时，高校需要为体育文化价值观及体育文化理念的宣传推广工作构建有力支撑。如高校可以依托互联网拓展这些精神文化内容的覆盖范围与弘扬渠道，从而为校园体育精神文化的持续发展奠定良好基础。

总而言之，校园体育文化中的隐性教育资源的实施载体非常多，身处优美的校园体育文化环境中感受体育之美的熏陶，丰富多彩的校园体育活动为学生提供更多的参与和展示空间，体育竞赛带来的挑战精神、团队精神、规则意识、不畏艰险、顽强拼搏、努力进取的精神等不知不觉地熏陶和影响着学生。校园体育精神文化建设可以融合女排精神、铁人精神、工匠精神、航天精神、抗战精神等中国精神，开展精神育人活动，深入挖掘体育文化中的隐性教育因素，更好地实现品德教育与体育教育的融合，从而促进学生全面发展。

（四）校园体育行为文化

校园体育行为文化的优化不仅有利于引导高校成员对校园体育精神文化进行践行，而且也能够在丰富高校成员精神文化生活的基础上，促使高校成员全面发展。在校园体育行为文化建设工作中，高校不仅需要重视推动体育教学行为、体育活动形式的多元化发展，而且需要重视充分发挥出体育社团所具有的引领带动作用，并依托各类体育赛事强化校园体育文化交流。具体而言，从体育教学行为的多元化发展来看，高校需要重视引入多元化的体育教学内容，依托具有趣味性且符合高校学生群体成长需求的教学项目，促使体育教学行为呈现出更大的吸引力并为其教学成效的提升奠定良好基础；从体育活动形式的多元化发展来看，高校不仅需要引导各个院系积极组织开展各类体育文化活动，而且需要为学生自主组织开展各类体育文化活动创造良好的条件。如放宽体育场馆使用审批标准，为学生自主组织开展的体育文化活动提供师资支撑等。从体育社团引领带动作用的发挥来看，体育社团作为学生自主成立的组织，在深化学生对体育精神的理解与践行方面发挥着重要的作用，为此，高校需要重视强化对体育社团发展的领导与管理，促使体育社团能够在体育文化活动的组织、校内外体育文化交流中发挥出应有的作用；从高校对各类体育赛事的承办来看，高校可以通过与其他学校开展合作，围绕多元化体育项目举办联赛等形式，强化校内外体育文化交流，在此过程中，高校需要重视对各类体育赛事进行承办，从而塑造出更为浓厚的体育文化氛围；同时，高校需要重视引导师生开展社会实践活动。依托社会实践活动对体育文化进行调研与了解，能够进一步深化学生对体育文化所具有的理解与认知。为此，高校有必要引导学生合理规划社会实践活动时间，通过要求学生进入社会体育文化宣传教育机构及开展民间体育文化调研工作，将更多的校外体育文化引入校内体育文化建设工作当中，从而进一步强化校园体育文化所具有的育人功能。

总之，高校校园体育文化活动的主体是大学生，他们正值青春、活力满满，对新事物充满好奇，体育活动形式既要具有健身性，还要具有一定的娱乐性，将体育综艺、竞技游戏、跑酷运动、迷你马拉松、户外拓展等活动形式引入高校校园，不仅能增加高校校园体育文化的趣味性、体验感和社交性，还能更好地吸引学生主动参与其中。鼓励学生或体育社团自主策划、组织多元化的体育活动或比赛，引导学生进行从被动参与者到主动组织者的角色转变，让学生真正成为校园体育文化的创造者和传播者。

三、高校体育文化建设的创新路径

（一）利用自媒体建设校园体育文化

1. 注重资源整合，把握校园文化布局

应对自媒体带来的多元文化冲击，高校需要获得更强的媒体传播力量。整合学校各种媒介资源，将体育文化融入校园文化各个方面，能够帮助高校把握校园文化布局，开创良好的文化传播局面。挖掘高校以往信息资源，可以顺利打造校园体育文化自媒体平台，发挥线上平台的信息传播优势。如在校园网增设体育板块，在传播体育健康知识的同时，提供体育比赛欣赏等服务，满足多元体育文化建设需要。利用高校图书馆等线上平台，也可以发布体育相关信息。而高校体育院系、体育社团经过多年发展，积累了大量体育文化资源，都能为自媒体平台打造提供丰富的资源。在资源融合背景下，加强各种体育线上平台的关联，联合发布高校体育赛事、运动等活动信息，能够实现信息全覆盖传播，大大提高体育信息转发量。此外，高校可以加强与其他院校的合作，获取更多媒介资源和体育文化资源，实现体育文化横纵传播，扩大文化建设规模。值得注意的是，自媒体平台的信息传播需要发挥学生自主性，因此，体育文化资源挖掘和利用应当满足受众需求，要在实现各种平台联合运营的过程中，突出平台各自的特点，有效推动体育文化的多元化发展。如在体育社团自媒体平台建设上，可以围绕社会广受欢迎的运动项目传播有关知识和赛事信息。体育院校建立的自媒体平台，应结合体育专业学生文化交流需求开设技战术讨论、赛事评论等板块[1]。在丰富文化的支撑下，高校体育文化建设水平也将不断提升。

2. 创新文化内容，唤起学生热情

想要使大学生群体发展成为校园体育文化传播主体，首先，需要创新传播的

① 陈永洪. 高校校园体育文化发展中存在的问题及对策研究 [D]. 成都：四川师范大学，2019.

体育文化内容，通过成功激发学生兴趣使学生自主参与到体育文化活动建设中。从总体上来看，高校体育文化包含物质、精神、制度和行为等多个层面，在自媒体时代则要实现各种文化内容的相互融合与促进，引领学生成为体育文化践行者和创新者。考虑到自媒体平台拥有较强的用户黏性，可以构成稳定、强大的学生用户群，同时学生拥有强烈自我表现欲望，可以给予学生更多自主权利，鼓励学生创建体育文化传播团体，通过自媒体参与到体育活动中。针对在日常锻炼、体育竞技中遭遇的问题，学生可以在平台上加强讨论，相互传播体育知识和文化内容。围绕讨论结果，学生可以通过体育实践验证观点，积极参与校园体育活动组织和宣传，利用自媒体在校园内造势，共同推动校园体育设施、制度、文化等各方面的建设发展。依托学生会、社团、俱乐部等各种团体，能够积蓄强大的文化传播力量，可以通过视频、直播等多种途径传播校园体育文化，并推动文化的创新发展。为此，高校应加强体育大国、体育强国等思想宣传，强化师生传播体育文化的使命感，促进相关专业班级学生带头创建体育团体，凭借专业理论和知识肩负起体育自媒体平台内容创新工作，使团体自上而下受到科学思想引导，形成文化自信，在体育文化传播方面获得更大动力。

3. 健全制度，加强媒体舆论引导

发挥自媒体优势向学生传递积极、健康的体育理念和运动方式，使高校校园内形成崇尚体育精神的文化氛围，可以帮助学生正确辨别各种体育信息的真伪，逐步形成体育自律意识和能力。制定高校校园文化传播监管制度，组建专门管理队伍负责线上平台信息监管，能够减少体育暴力等负面信息的流传，通过净化线上文化环境，给大学生带来积极的、正面的影响。打造拥有较高媒介素养的文化传播队伍，通过深入研究体育文化、线上文化传播知识等有效应对体育相关暴力信息，发现不实体育媒体信息做到主动出击，强化校园媒体舆论引导。通过定期筛选，能够增加平台上正面报道的比例，宣扬先进体育事迹，有效弘扬体育正能量，从而营造良好的文化交流氛围。

在自媒体监管上，应当认识到平台带有互动传播的特点，建立信息互动管理制度，深入学生当中，调研、把握学生的体育爱好和心理，根据学生的偏好有针对性地加强沟通和引导。要依靠制度指导师生开展体育文化建设工作，可以通过收集和分析线上信息把握文化传播规律和趋势，做到合理引导校园舆论，凭借较强的舆论引导能力，充分激发学生体育意识，也能帮助学生形成体育锻炼的习惯，主动弘扬体育精神，有效提高高校学生的人文体育素养。

4. 优化体育考核机制，保护学生积极性

我国高校大学生的体育考核机制形成已久，因此也是积弊已久，随着时代的变化，一成不变的大学生体育测试和考核项目早就落后于时代进步了，即便是中考体育制度都已经发生了极大的改变，但是大学生的体育测试和考核仍旧停留在原始阶段。但是，体育测试和考核却是推动大学生参加体育锻炼和体育活动最直接、最有效的方式之一。为了学分和考试，大学生不得不进行相应的锻炼，了解相关的体育文化知识。在自媒体环境下，要建设高校的校园体育文化，就需要建设更为先进的大学生体育测试和考核制度，利用新媒体技术的体育打卡、体育分享和运动记录等功能，多样化、全过程、长期地对大学生的体育运动情况进行考核和监督。比如通过手机 App，规定学生每个学期每个月需要对参加的跑步次数和跑步距离进行打卡，将打卡的结果和学生的体育考核成绩关联，以此来帮助大学生"动起来"，让学生保持体育训练的积极性。长期下来，就能够形成高校的体育运动氛围，并且切实有效地推动高校的校园体育文化建设。

（二）利用民族传统体育丰富体育文化

1. 民族传统体育的概念

民族传统体育是人类体育文化的重要组成部分，既是一种带有民族特点的文化形式，又是一种颇具传统色彩的文化形态；既是人类体育文化的组成部分，又是民族传统历史文化的重要内容。作为一种体育文化，应该是不同的民族有目的地改造人类社会及人类自身的一种客观物质活动；作为一种民族的传统文化，它应具有一种文化形态形成、发展及生存的历史过程，具有属于自身的突出而丰富的科学内涵和与其他相关文化形态相融、相隔的文化限定。

2. 高校体育融入民族传统体育的意义

（1）民族传统体育趣味性强，增加体育课程的吸引力

由于之前的篮、足、排球这些体育活动对于学生来说，已经是再熟悉不过了，因此他们在上体育课的时候往往兴致不高。民族传统体育往往都是学生之前没有接触过的体育项目，对于学生来说，其实就是一种崭新的体育运动，而这种运动会使学生感到新奇，从而引发他们对这个项目较为浓厚的学习兴趣。而且，传统民族体育往往都是由各个民族在娱乐之中创造出来的，所以这些民族传统体育有较强的趣味性，因此相比于其他的体育运动来说，民族传统体育运动更加具有吸引力，高校的学生会更加喜欢学习这些民族传统体育运动。

（2）民族传统体育蕴含中国传统文化，有利于文化传承

民族传统体育是中国传统的体育运动，在这其中往往蕴含着一些中国的传统文化。和中国传统的文学艺术一样，民族传统体育也是一种传统文化，而学生在学习传统民族体育运动的过程中，其实就是在传承传统文化，这样有利于民族传

统体育运动的不断发展。由于现在学校中开展的体育运动都是现代的一些常见的体育项目，比如篮、足、排球，而民族传统体育往往没有涉及，长此以往就会使传统民族体育被人们遗忘，造成民族传统体育的失传，这样对于我国的传统文化来说，其实是非常不利的。而学习这种民族传统体育有利于现在的学生重新认识中国传统文化，这样可以让他们知道原来中国传统文化其实是非常有趣的，在一定程度上会提高学生的文化自信。

（3）民族传统体育符合学生特点，有助于促进学生身心健康

由于民族传统体育是中华民族所创造出来的，因此这些传统民族体育是最适合中国人的。而民族传统体育的练习也可以强身健体，更适合我们中国人进行锻炼。因此中国学生要想通过体育运动来进行身体的锻炼，去练习一些民族传统体育要比练习一些西方传来的体育项目要好很多。因此民族传统体育的学习有助于他们的身心健康。

3. 传统民族体育融入高校体育教学的要点

（1）设置趣味情境增强课堂活力

一些学生对体育课十分排斥，这可能是因为之前的体育课过于死板，缺乏趣味性。对于这些学生来说，如果能够增加体育课堂形式的趣味性，那么他们就会积极主动地参与体育训练，从而得到德智体美劳全面发展。因此要想激发这类学生对于体育的兴趣，就要设置有趣的情境来让他们发现体育课中的乐趣。比如在上课时候教师可以采取和大家做游戏的方式来让学生学习锻炼力量和肌肉的方法。传统的练习腿部肌肉的方式，是全班同学一起蹲下然后再一起跳起来这样无聊的方式，如果教师设置一个模仿小青蛙跳跃的方式，就会激起学生练习蛙跳的欲望，而蛙跳的练习可以演变成小青蛙从一片荷叶上跳到另一片荷叶上的动作，而这样还可以让学生来一次青蛙跳跃比赛，哪个小青蛙可以踩到最少的荷叶跳到终点就可以获得胜利。这时候，学生就会发现原来体育课其实就是在做游戏，就会减少学生的抵触心理，使其感到体育课的快乐。而与此同时教师也能够通过这样的日常练习来不断提高学生的身体素质，一举两得，这其实是非常有效的一种方法。

（2）小组合作增强团队合作能力

情境教学的设计中教师可以把学生在课上分成不同的四个小组——蓝队、红队、绿队、黄队，这样他们就可以为了自己队伍的胜利而和其他的队伍进行比赛，比如这个青蛙跳跃的比赛不只是可以设计为单人竞赛，也可以设置为青蛙队伍之间的比拼，这样就可以培养学生的团队合作能力。有的学生在体育方面更有天赋，他们就会跳得更远和更轻松一点；有的学生可能就会跳得比较近一点，而且还会更加费力一些。而小组合作的话，就可以让这些比较优秀的人帮助稍微差一点的

学生，这样既可以提高学生的总体水平，又可以让学生通过互相帮助提高团队合作能力和集体意识，从而使他们意识到原来自己和同学们是身处在同一个集体中，只有大家合作才能取得更好的成绩。

（3）将传统民族体育的教学和现代体育精神结合起来

传统民族体育有自己的特性，更加倾向于强身健体，和现代的竞技体育在特质方面不太相同，教师在教学过程中可能会产生一些不适应的心理。但是教师应该调整好心态，并且对于传统民族体育项目，不是要全盘接受、完全传承，而是要有选择性地传承，掌握其中的精髓，并且保留适合学生学习的部分，把不适合学生学习的和过于困难的部分筛选掉，将这些传统的体育项目和现代的体育精神结合起来，这样可以让学生对于传统民族体育有浓厚的兴趣，并且有更深刻的认识。

4.利用民族传统体育构建体育文化的具体措施

（1）开设体育选修课程

大学体育对大学生的体质健康和身心发展起着主导作用，即使是体育选修课，我们也应该重视起来，视作必修课认真学习和对待，所学的体育知识与技能在我们将来的生活和工作中都会有潜移默化的影响，体现体育的健身功能和娱乐功能。将民族传统体育项目开设到体育选修课中，不仅使选修课程内容丰富、选择多样化，而且还增加了课堂的趣味性，能够让学生充分参与到课堂教学中，体会到体育带来的快乐。许多民族传统体育项目是由团队配合来完成的，这样的活动既可以让学生被动参与变为主动参与，还可以培养学生团结协作的能力；同时所学的知识与技能在社会体育中也会得到广泛的应用，能够培养学生终身体育的思想。

（2）创办民族传统体育社团

学生社团是高校学生交流思想、切磋技艺、增进友谊最好的组织之一，既可以丰富业余生活，又可以提高学生的自治能力。高校校团委应鼓励创办附有民族传统特色的社团，使社团形式多彩化，为学生开阔眼界和培养兴趣提供更广泛的平台，将少数民族有共同兴趣爱好或特长的学生聚集在一起学习和交流，传播各民族文化。创办民族传统体育社团，如武术、舞龙、舞狮、射箭、龙舟、民族舞蹈等，研究其历史文化背景、学习传统项目的技能、了解并掌握其中的内涵；加强与其他高校社团的交流学习，互相传播具有特色的体育项目，开展体育项目竞赛、知识问答等社团活动。作为社团，要积极挖掘当地具有民族传统色彩或即将消失的体育项目，对其进行保护和研究。

（3）组织民族传统体育运动会

民族传统体育运动会趣味性强、竞赛项目广泛，对参与者的身体素质要求较低，规则灵活，在高校开展民族传统体育运动会对学生的教育具有促进作用。民族传统运动会主要开展竞技类项目和表演类项目，竞技类项目如射箭、陀螺、高脚竞速、板鞋竞速、民族健身操等；表演类项目如具有健身功能的民族舞蹈，在开、闭幕式上可进行表演。其意义在于在高校的深度组织为学校体育提供了教育素材，拓宽了教学课程的多元化，通过长期的锻炼，增强学生的体质，培养学生吃苦耐劳的精神，加深学生对体育精神的认知，使其综合素质得到全面的发展。

（4）民族传统体育文化的宣传

我国传统体育文化具有多元化的特征，且经历过历史的洗礼后，不断对传统体育文化建设进行创新，体育形式和内涵也变得更加丰富。在高校进行体育文化传播的途径有：创办传统体育文化特色宣传栏，利用校园广播、校园自媒体对传统体育文化进行宣传和展示；利用现有的专业如体育专业，可以通过竞赛表演的形式传播，传媒专业可以对体育文化进行宣传，历史专业可以对体育文化进行更深层次的研究。通过不同途径和形式，对体育文化进行挖掘，对高校学生灌输传统体育文化，继承和发扬源远流长的体育文化。

（三）加强传统文化与高校体育教育的融合

1. 教育主体的融合

每个课程的教学都是非常复杂的。在教学过程中，教师作为传道、授业、解惑的主体，具有筛选和传承传统文化的责任。教师需要将专业技术和文化相结合。对教师而言，传授技能并不复杂也不困难，因为每一个体育老师都受过专业的训练，而让传统文化与体育技术相结合却并非易事。传统文化观念的形成没有具体的考核标准，也没有相应的教学方法，只有教师和学生自己心里清楚。因此，只有在平时的教学活动中潜移默化地体现传统文化的精髓，才能更好地使传统文化融入体育教学当中。

2. 教学内容的融合

传统文化涉及的内容很多，人们迄今为止创造的所有精神文明和物质文明都可以纳入文化的内涵当中。因此在筛选教学内容时，教师需要依照文化传承的特点取其精华，去其糟粕。体育的教学形式和一般的文化课程有较大的差别。在内容方面，文化传承的内容并不多，但是并非没有；在教学的过程中，教师需要加强对传统文化的梳理，所有与体育相关的历史故事及文化产品都可以作为传统文化传承的载体，文化并非只是文字运动，其与体育有一定的联系。当学生了解了某一运动的丰富文化内涵后，就能够准确地对该运动项目进行深入学习，比如中国武术。中国武术是中华体育发展过程中的重要内容。大学生在学习中国武术时，并不只是着眼于招式套路，而是需要深入体会中国武术的三个方面——德、技、道。

德主要指的是武德，也就是在武术当中融入儒家思想，形成中华民族习武之人长期的道德观——以社会生活为实践准则，恪守利益性的规范要求。这种道德规范对武者的观念有着直接影响；技主要指的是武术的技巧，无论是一招一式还是某种流派都要力求形神兼备，在学习技能的过程中要身心一体，不能只是一味模仿，需要尽量体会其中的中正不屈，进而将武术的理论与中国传统文化结合起来，体现人的行为准则和价值观；而武道是一种超脱形体体育之后的升华，是武术的最高境界。

3. 教学方法的融合

在高校体育教学过程中，教学方法包含了肢体符号和语言符号等，如何对肢体符号和语言符号进行合理利用，逐步成为高校体育教师在教学过程中的难题。

以语言符号为例，在高校体育课程当中，教师需要主动与学生进行沟通，在文化传播方面也需要把语言作为载体，各项体育技能的技巧也需要通过讲解法进行讲解。在具体教学过程中，教师需要在深入研究后探索学生的生活历程，以学生的生活经历和认知水平为基础，运用灵活的方法进行讲解，让传统文化与体育文化有机结合起来，并快速渗透到学生的认知当中。这种教学与文化的结合具有事半功倍的效果，在教学实践方面，教师要将文化创新与文化传承结合起来，构建一个良好的教学平台。也就是说，通过语言交流传承文化的过程并非生搬硬套，而是需要在具体实践当中灵活应用，这样才能使文化更具有生命力。

以肢体符号为载体的文化传承亦是如此。肢体符号很多都承自古代的体育文化。比如说很多武术的起手式都具有礼敬对手或者尊长的意思，如抱拳礼等。教师在教学的过程中可以充分利用这些符号来解释，将这种礼敬他人的文化内涵展示给学生。除此以外，还有点到为止、强身健体等体育精神。

第五章　体育强国视域下高校体育教学实践创新

随着时代的发展，社会对人才素质的要求不断变化，学生的学习诉求和学习观念也不断改变。在此背景下，一些传统的教学观念、方法和模式已经落于窠臼，不能发挥太大的教育价值，这体现了教育改革和创新的必要性。而通过对当前大学生身体健康状况的分析来看，高校体育教学存在着很多问题，也面临着很多局限性，需要引起广大教育者的重视。所以，高校必须抓住体育强国背景给体育教学改革带来的契机，抓住新时期科技发展、教育创新的机遇，加强对体育教学方法和模式的创新，争取构建能够迎合学习兴趣、满足学生发展需求的体育环境，从而全面提升大学生的身体素质和心理素质，树立大学生终身体育的意识，为实现体育强国贡献一分力量。

本章为体育强国视域下高校体育教学实践创新，从多媒体教学、分层教学和俱乐部教学这三个方面出发，论述了高校体育教学的改革方向和创新路径。

第一节　多媒体教学法在高校体育教学中的应用

一、多媒体技术与多媒体教学

（一）多媒体技术

多媒体（英译为 Multimedia，由 multiple 和 media 组合而成），是当今信息技术领域发展最快、最活跃的技术。关于媒体这一词条的含义，一方面包含例如半导体储存器、光盘、磁带与磁盘等储存信息的实体存在；另一方面也包含例如文字、声音、图形与数字等能够传递信息的虚拟载体。所以多媒体，一般可理解为多种单媒体（Monomedia）的综合。在高速发展的信息时代，新型的多媒体技术已经通过互联网平台传播数字数据的综合信息发布平台进行信息传播，它最大的特征为可以将经过专业编辑与制作系统的加工的多媒体信息页面传播给每一台多媒体电子终端。多媒体技术自此开始告别单方面、传授式特征，转变为可以就多媒体设备进行互动的技术模式，这种新型技术将信息化的传播变得更为便捷与迅速，将信息的转换互动变为可以瞬间完成的模式。

所以，多媒体技术将计算机与视频技术结合，通俗意义上是指声音与图像的两个或更多媒体集合并连接起来，成为一个能够传递信息，具有交互性的综合系统。这项技术不同于以往单向传播信息的方式，能够综合运输、检索、加工、处理、存储、传播和显示不同类型信息，具有感官性、集成性、情境性等特征。在现代社会日益普及互联网信息技术的背景下，它被广泛地应用在教育、图书、咨询与服务、通信、医疗、金融、军事等各行各业，也更进一步地促进我国的科技发展。

（二）多媒体教学

随着计算机技术的发展与普及，多媒体计算机已经逐渐取代了以往的多种教学媒体的综合使用地位。因此，我们现在所说的多媒体教学是特指运用多媒体计算机并借助于预先制作的多媒体教学软件来开展的教学活动过程，它又可以称为计算机辅助教学（computer assisted instruction，CAI）。关于多媒体教学概念的探讨从未停止，众说纷纭，其中比较有代表性的几种说法如下。

李克东教授在强调使用多媒体进行教学时，曾表示，多媒体教学是指在教学过程中，根据教学目标与教学对象的特点，通过教学设计，合理选择和运用现代教学媒体，并与传统教学手段有机组合，共同参与教学全过程，以多种媒体信息作用于学生，形成合理的教学过程结构，使学生在最佳的学习条件下进行学习。

部分学者在定义多媒体教学时是将技术作为切入点，认为将文字、图片、动画、视频结合起来的多种媒体技术即多媒体教学。同时有相关研究人员认为："多媒体教学是指运用计算机对文本、图像、视频、动画和声音等多种媒体信息进行综合处理与控制，能实现人机相互式操作的一种信息技术。这种教学方式兼具集成、控制和交互性三大特征，能够将计算机与试听技术完美结合。"[①] 可见，多媒体凭借先进的技术特点在教学中发挥着重要的作用。有学者在强调教学效果的层面对多媒体教学进行定义。蔡丽艳在对多媒体教学进行定义时谈到，多媒体教学能够将单调的传统教学变得更加生动，达到轻松教学的氛围，这种视听化的教学技术在呈现教学内容时，能将教学环节变成激情饱满的情感陶冶过程。

综上所述，在 21 世纪信息化时代，关于多媒体教育教学方式的讨论有很多，存在许多不同的看法。作者结合文献资料，总结以下概述：多媒体教学是指在根据教学目标与不同教学对象的情况下，在教学过程中通过合理的教学设计观念，预先制作多媒体教学软件，将传统教学方式结合现代多媒体技术、设备的教学过程与方式。这种现代技术的产生与应用，在充分肯定了传统教学方式的前提下，

---

① 王晓燕. 浅谈小学语文多媒体教学的优势及不足 [J]. 成功（教育），2011（11）：236.

运用自身便捷、高效、引人眼球的特点进入教学过程，作用于学生及教师，以此达到最优的教学效果与最便捷的授课准备。20世纪末至今，随着社会逐步进入以计算机和互联网为中心的数字化时代，多媒体作为信息技术的应用与承载体，在传播与教育领域也起到了更新教学观念与方式的快速迭代作用。

多媒体教学将教学内容用多媒体载体与技术传授给学生，使教学模式与结构更加完善合理，达成教学任务与目标。在其过程中，除了需要摒弃传统教学方式的劣势，即盲目灌输的模式，还可以利用多媒体媒介与技术操作进行与教学参与方的互动与即时交流，并对教学效果的达成作出及时反馈。这种优胜于传统教学效果的模式已被各方教学参与者关注与广泛应用。

二、高校体育教学的信息化建设

多媒体可以理解为信息的多种载体，所以说多媒体教学是建立在教学信息化发展的基础之上的。在讨论高校多媒体教学的过程中，我们必须先对高校体育教学信息化的建设情况进行说明。

（一）高校体育教学信息化概述

高校体育教学信息化是指利用现代化信息技术对高校体育教学信息进行有效整合，然后通过网络多媒体平台向大学生传递最前沿的体育教学信息，最终完成体育教学目标。从技术层面来讲，高校体育教学信息化的重要因素是信息，作为信息传播媒介的技术具备多媒体化、网络化和数字信号化等特点。多媒体化能实现存储信息设备的一体化，网络化能实现信息资源的共享和扩展，数字信号化能实现信息资源的网络无障碍传输。从教育本质层面来讲，高校体育教学信息化是为高校体育教学服务的，其具备了信息资源的主体性、合作性、共享性和交互性等特征。主体性是将学生置于整个信息化教学体系中，进而激发出他们学习的主动性和积极性；合作性是为师生、师师、生生搭建沟通交流的桥梁；共享性是为学生提供更为丰富、全面的体育信息资源；交互性是确保人与人、人与设备之间的信息交流。

（二）高校体育教学信息化应用现状

1. 部分教师缺乏体育教学信息化改革意识

目前，高校体育教学信息化在实践应用中存在部分教师对信息化改革认知不够、缺乏教学信息化改革意识的问题，这势必会对高校体育教学改革创新造成极大的影响。高校教师缺乏体育教学信息化改革意识的主要表现是，教学中很少或是根本没有采用信息化手段进行教学，教学的效果始终无法得到有效提升。部分高校主管领导的体育教学信息化改革意识也较为淡薄，在课程设置、教学目标等方面没有对教学信息化应用进行要求，这也就导致了部分体育教师并没有充分意识到体育教学信息化的重要性，没有在教学中主动改善自身的知识结构，没有能真正地将信息化和体育教学融合起来。

2. 部分体育教师教学模式创新不足

当前，高校体育教学改革创新并未深入教学模式，多数体育教师仍然沿用传统的教学模式，通过在体育课堂上的讲解和动作示范、动作纠错等来进行教学，这与信息化教学改革创新的要求有很大的差距。一些体育教师过分强调对理论知识的讲解和对动作的演示，忽视了学生的体育基础知识掌握情况和体育锻炼习惯等问题，教学模式设计简单枯燥，课堂教学过程中师生间的互动交流也较少，学生对体育学习的兴趣始终不足。这些情况主要是部分体育教师对信息化技术的应用存在认知和能力上的不足所导致的，长此以往，将会对学生体育学习的积极性产生不良影响，对体育教学效果的提升也不利。

3. 部分体育教师信息化水平有待提高

高校体育教学信息化体系的顺畅运行，离不开具有高水平信息处理能力的教师队伍。但当前部分高校体育教师受到传统教学思想的影响，在信息技术学习方面并不积极，他们多注重实训课程，在教学实践中较少使用信息化手段，对利用网络获取和传递体育教学信息资源较为忽视。即便是有些体育教师在教学中运用了信息化技术，但涉及图形图像、音视频制作等专业软件的使用，以及直播设备和电脑硬件设备的使用时，多数教师还是一知半解，无法充分地发挥信息化教学的优势。这种情况的存在，势必会对高校体育信息化体系建设产生不利影响，不利于为学生提供多样化的教学模式和丰富的教学资源，影响教学效果的提升。

4. 部分高校信息资源建设较为滞后

目前，虽然我国政府教育相关部门在高校信息化建设方面有资金的支持，但是我国部分高校在体育教学信息资源建设和应用上还处于较落后的状态，尤其是经济较为落后的地区高校的信息化建设滞后情况更为突出。这主要表现在以下方面：一是高校主管部门的专业性指导不足，信息化应用标准还未及时实现统一；二是体育教育信息资源的挖掘不够深入，网络教学信息资源库更新不及时，体育教学仍旧以课上实训为主，师生无法及时获取最新的体育教学信息，这对教学效果的提升很不利；三是高校领导层对体育教学信息化应用不够重视，相较于其他学科来讲，资金和人力、物力投入都不够，相关的网络设备较为陈旧，网络安全监管机制不健全，教学信息的安全性和有效性得不到切实保障，体育教师在教学过程中只能够使用老旧的设备，这就导致了学生的基本学习需求得不到满足，体育学习的积极性不高；四是多数高校体育信息化教学场地受到限制，有些是作为职业运动员训练专用场地，有些是对外开放并收取使用费用，用于教学的信息化场地较少，很多高校在进行体育教学时只能使用室外操场，不利于体育教学信息化的应用。

三、高校体育多媒体教学的制约因素

（一）内部环境因素

我国高校体育多媒体教学内部环境困境主要有以下几点。

①体育教师对多媒体教学的认知程度不够高。这种状况从本质上阻碍了体育教学中多媒体技术的实施。许多体育教师认为多媒体教学只是单纯地将多媒体技术与教学活动进行叠加，其实不然，体育多媒体教学重点是将多媒体技术与体育教学进行科学合理的结合，达到提升教学效果的目的。

②缺少教学经验。体育教师在利用多媒体技术进行体育教学时，相关的专业知识及经验比较缺乏。不仅如此，在高校的体育教师团队中，教师的年龄结构及素质方面都存在一定的差异，许多年龄高的体育教师多媒体教学技术的掌握比较缓慢，这就对体育多媒体教学的顺利进行造成了一定影响。

③多媒体技术应用不合理。在高校体育多媒体教学的过程中，一旦信息技术不能够合理应用，会导致教学目标出现一定的偏差，过于花哨的技能及才能教学，会使学生扭曲了学习目标。另外传统的教学方法与教学模式会对学生自主学习产生一定的制约。

（二）外部环境因素

我国当前高校体育多媒体教学的外部环境因素主要体现在多媒体硬件设施的完善程度上，另外体育多媒体教学氛围也存在问题。由于许多高校对体育多媒体教学方面的关注度不足，所以多媒体设备及多媒体技术设施不够完善。体育教师主要沿用陈旧的教学设施与传统的教学方法，很难满足学生对身体素质的锻炼及对现代化体育知识的理解。体育场为主要体育教学场所，如果缺乏科学有效的体育考核体系，体育检测成绩就会缺乏说服力。除了硬件设施不够完善以外，多媒体教学软件问题也是制约多媒体教学的外部影响因素之一，教学软件是师生之间依托互联网络进行沟通交流的桥梁。如果不正确处理多媒体教学中的软硬件问题，将会对高校体育多媒体教学造成非常严重的后果。

①受到体育教学资源库的制约。根据调查，我国大多数高等院校的体育教学

资源库扔在酝酿与规划的过程中。在互联网上，很难找到适合高校体育多媒体教学的多媒体资源库，稍有规模的资料库均需要付费进入，这样一来，给教师及学生带来了极大不便。

②受到信息技术培训的制约。体育多媒体教学无疑是以多媒体技术为基础的体育教学，当前对信息基础设施进行建设时，对多媒体建设的制约瓶颈一般体现在教师对信息技术的应用不熟练方面，在信息技术下，对教师的培训不足。目前，信息技术的改革已经逐渐深入课堂，所以将信息技术的培训与课堂教学相结合尤为重要。

四、高校体育多媒体教学面临的困境

随着互联网的发展，我们已经走进信息化时代，这一时代最明显的特征就是信息的载体更加多样化，多媒体开始走进人们的工作和生活，特别是给教育行业带来了积极的影响。在此背景下，高校体育教学与多媒体相结合已经是大势所趋。但是，在利用多媒体展开体育教学的过程中，难免会遇到一些问题。所以，接下来将从信息化建设和多媒体技术的使用两个角度来讨论高校体育多媒体教学中存在的问题和困境。

（一）从信息化建设角度来说

1. 高校体育教师教学信息化认知度较低

高校体育教师对教学信息化的认知度较低，导致了信息化技术在实践中的应用障碍重重。很多高校体育教师认为信息化教学就是简单地将信息技术和体育教学合起来，实际并没有多大用处。对此，首先要做的就是转变体育教师的教育观念，要让他们意识到体育教学信息化是体育教学和信息化技术的科学、合理、有效的结合，能够在很大程度上提升教学效果。高校有关领导层要加强对体育教学信息化建设的重视，组织专门人员制定信息化教学相关的要求和考核标准，并且实现相关设施的配套。高校体育教师要对体育教学的目标、内容和信息化要求等全面掌握，并通过对信息技术的应用实现传统教学方式向信息化教学方式的转变，要具有"以学生为主体"的教学新思想，不仅要注重提升自身的信息技术水平，还要深入研究学生信息素质等方面的培养，不断激励学生主动参与信息化教学，最终实现学生综合能力的提升。

2. 高校体育教学信息化环境不完善

高校体育教学信息化环境（主要是场地和设备等基础设施条件）的不完善，是制约信息化教学顺利开展的重要因素。对此，首先，需要高校管理层组织体育教师进行专门培训，让他们从思想观念上意识到信息化教学的重要性，同时密切关注信息化教学改革的最新动向，制定完善的教师信息化教学考评制度，督促教师主动进行信息化教学能力的提升。其次，高校领导层应组织专门的人员进行体育教学信息平台的构建和运行管理、维护工作，同时要加大对体育教学信息化平台的资金投入力度，要采购新的信息化教学设备，防止由于设备陈旧老化而产生的信息传输不安全等问题，做好教学信息化建设的硬件保障工作，为体育教师在教学中使用信息化教学手段提供便利。最后，高校体育教师要通过不断的培训、交流和自我学习，逐渐树立起信息化教学的意识，最终实现教学角色的转变。总体来说，要想营造良好的信息化教学环境，就需要高校领导层加大对体育教学信息化建设的重视和资金扶持力度，同时通过考核体系的制定，督促教师进行信息化教学能力的提升，只有这样，才能促进学校体育教学信息化改革的长远发展。

3. 高校教师体育教学信息化应用不合理

高校体育教学中信息化技术的不合理应用，会导致体育教学目标出现偏差。例如一些教师为了向学生展示自己对信息技术的掌握，往往会在教学课件的制作中加入一些无关的内容，这会使学生的注意力受到影响，体育教学目标无法实现。对此，首先，体育教师要加深对信息化教学的理解，要明白信息化教学的目的是更好地实现教学目标，而不是向学生展示自己的信息化技术有多高。其次，高校领导层要组织专门人员构建完善的体育教学信息化应用管理平台，对体育教师的信息化教学活动进行统一的考核管理，同时也要对学生的体育成绩和课程反馈进行管理。这样既能够对教师教学信息化应用的过程和结果进行有效管理，尽可能减少信息化应用的不合理，确保学生注意力集中在教学目标上，而非无关的内容上；又能够实现体育信息资源的校内共享，对其他教师的信息化教学也是一种借鉴和参考。

4. 高校体育教师的教学方法过于单一

受到传统教学思想的影响，我国多数高校体育教师在教学方法上不够灵活，这就导致了体育课堂教学对学生的吸引力较小，学生无法提起学习体育的兴趣。对此，高校体育教师要与时俱进，及时对教学形式进行更新，可以利用慕课、微课等形式提升课堂的趣味性，让学生不受空间限制，自主进行在线学习。可以进行智能校园运动场建设，利用大数据获取学生的锻炼信息，或者是利用微信群锻炼视频打卡等，及时掌握学生的体育学习和锻炼情况，并根据网上教育平台提供的学生学习情况数据和学习情况反馈，及时对教学目标、内容等进行调整，以确保体育教学的效果得到增强，学生的身心素质水平等到提升。

（二）从多媒体技术的使用角度来说

随着信息技术的高速发展，多媒体教学利用其优势在高校教学中逐渐普及，加上国家鼓励进行现代化教学出台相关政策，加大教育资金的投入，高校体育教师对多媒体辅助教学的应用也日益增加。目前学校的各种教学硬件设备配备基本覆盖，一些高校已经就体育多媒体专项进行人力、物力的投入与新建购置，成绩令人欣慰，但是高校在利用多媒体技术开展体育教学的过程中，还存在以下问题。

1. 资金投入不足，设备更新滞后

从目前社会经济发展状况及国家对教育的扶持力度来看，多媒体设备硬件设施及配套设备不足成为阻碍多媒体技术参与体育教学的现实因素。但是，一些学校多媒体教室的多媒体配备较为老旧，种类不多，投影仪与电脑存在运行速度过慢的情况。一些学校在体育教学的过程中，存在多媒体教学资源与场地的占用与配套缺失的现状。

因体育训练对场地的要求，关于体育教学方面的多媒体教室场地实现专项配备的情况非常少。因此，大部分多媒体技术参与的体育教学是以公共课堂的多媒体教室为基地，进行多媒体手段指导教学任务后组织学生转移场地，至室外操场与较空旷的训练场地进行专项体育训练。这样的教学方式是目前可行，但不是能满足所有体育教学需求的最优选择。因此，高校在多媒体体育教学方面无论是多媒体教室的数量还是多媒体硬件设施的质量水平与种类都需要提高。

此外，由于多媒体设备固定，而使用人数多，因此带来的损耗如没有刻意降损，设备不足的情况将更加严重。而且，一些高校对多媒体教学仪器设备的维护与管理普遍存在管理不力的情况。目前存在高校多媒体教学设备依托计算机系统进行统一管理与学校后勤部定期检查、维修、保养的遗漏问题。计算机系统统一管理事项众多，日常教学与行政管理的工作掺杂，导致多媒体设备在管理上产生不当与疏忽，多媒体设备和软件也得不到及时维护和更新，另外存在个别学校后勤部管理制度不完善的情况，曾出现计算机设备上存在病毒，病毒软件又无法得到及时安装与更新，耽误教师正常教学。因此，在设备的止损方面还存在部门职责的不妥当安排；设备管理与保养制度的有效执行与设备使用规范条例不规范的问题。

以上问题产生的原因首当其冲就是资金来源有限导致的各项投入不足。客观的资金投入无疑已经成为重要的问题切口，教学人员、教学环境、教学设施都与资金投入直接相连。高校的运动场地和器材设施资源都存在分配不均、不够完善等情况，因此，资金的缺口影响了大多高校多媒体体育教学工作的正常开展，难以满足体育教学、课外体育活动的刚性需求。在资金投入不足这一问题上，专项资金划分不足也在一定程度上制约了高校开展多媒体及时参与体育拓展活动。多媒体体育教学不仅是简单的方法传授，更是涉及复杂的多媒体教学方法、科学系统的训练、严格的标准。如果能够接受正规、专业、多元的多媒体技术的指导与训练，学生不仅能够高效完成教学目标，还能在锻炼体能上受益终身。但专项资金的匮乏，有可能会限制教师对于体育教学科学化、系统化的多媒体技术的专项研究，使其难以在高校的科研环境中占有一席之地，进而导致"因材施教"的教学理念寸步难行。

2. 技术培训欠缺，使用效果受限

体育学科与其他学科的主要区别在于，一是它对高校学生的身体素质有一定的要求；二是体育学科的理论知识相比于其他学科来说内容较少。因此高校体育教学中，高校教师往往会用更多的课时来安排实践教学，而对多媒体技术的运用并不熟练。所以，体育教师对于多媒体的教学运用必然会存在很多问题。多媒体教学的本意应是将原本抽象的内容变得活灵活现、简单易懂，增强学习的趣味性和多样性，以便于学生能够更好地理解教师所要讲授的内容，但是如何将多媒体的教学优势最大化却成为许多体育教师在课堂中的一大难题。如今，信息化教育已经进入新时代，高校中有很多体育教师对于多媒体授课的理解与操作还停留在简单播放音视频、讲授 PPT 的层面，多媒体体育教学课件的制作水平会直接影响教学的效果，无论是在已有的课件或资源上作出修改，还是教师原创的课件或资源，都与教师的多媒体操作水平离不开关系。

高校体育教师的信息技术水平偏低，严重限制了教师在教学准备上运用多媒体技术的操作。部分高校体育教师在现有的课件上不能进行资源再整合，操作技术的欠缺导致上课过程中出现跑版、资源限制播放等问题，而自制的课件由于操作水平不高，产生前期备课时间耗时耗力，后期依旧因为内容呈现不好影响课堂效果的结果。因此，对于以上问题的产生，主要原因就是校方在培训管理上的欠缺，只有科学规划并培训相关业务知识，才能从源头改善多媒体操作难的技术原因限制。

3. 多媒体素养欠缺，教学能力不足

从年龄结构上看，高校体育教师年纪较小和年纪偏大的较多，这就导致他们在教学中或是缺乏经验，或是对新知识、新技术吸收的速度慢，从而出现了多媒体教学能力上的不足，使得他们在实践教学中不能顺利实施多媒体教学。对此，首先，高校可以建立教师多媒体教学的评价监督体系，促使体育教师主动提升自身的信息化教学能力。其次，高校可以为体育教师提供"线上＋线下"培训的机会，制订相关的多媒体教学能力提升培训方案，聘请业内相关专家学者进行定期讲座等，进一步提升体育教师的信息化教学能力。再次，体育教师可以利用工作之余进行自我学习和提升，完善知识结构，不断提高自身的综合素养。最后，体育教师要积极拓展教学信息化的使用范围，结合学校的设施条件和学生的情况，有目的、有计划、有步骤地使用信息化教学手段，找到多媒体教学和传统教学的结合点，进而确保高校体育教学多媒体改革的顺利实施。

4. 教育理念保守，创新意识淡薄

时代在不断发展，课堂与教学模式也随着大环境的进步而发生改变。现代化教育进程的推进不仅促使学生的教育诉求多元化，还影响着教师的教学理念。

在大学体育教学中，教师教学理念的实时更新，将对教学方式的转变起着有利作用。高校体育教师要倡导与遵循多元化的教学方式，提升学生自主学习的水平。

在当下，体育科偏重性受到轻视的错误理念还存在于许多高校与教育界。从高校体育教师的角度来看，公共体育课程是一门"简单"学科，因此在现代教育改革中并不需要着重多媒体教学模式。学校与教师的教育理念如果不能与时俱进，那么学生的重视程度也将受其影响，阻碍了多媒体技术在高校体育教学中进行教学运用。

另外，多媒体设备与技术功能繁多，有很多体育教师接受现代体育教学理念后，在认知阶段仍存在问题，一定数量的教师难以与时俱进地更新教学观念与教学手段，单纯从互联网下载现有的教学资源与传统多媒体教室设备固定结合，并且长时间使用一样的多媒体课件，与学生的实际需求、课程教学适配性很低。其自身的教学操作和设计能力必将退化，创新性内容的思考逐渐减少，造成学生的学习兴趣减退，因此也就难以完全应用。

在体育的教学中，多媒体教学的种种优势表明此教学方式是一个因地制宜的活性教学方式。因体育课的特殊性，不是所有课时都适合在室内进行多媒体演练与指导，多数教师表明场地限制难以展开多媒体技术教学。这是对多媒体技术教学模式的单一化认知，部分教师在教学理念与教学方式上缺乏延伸式理解与创新意识，这种创新意识的局限性也成为使用多媒体技术进行体育教学的观念阻碍。

5. 注重形式翻新，漠视课堂内容

高校中不少教师对多媒体课件有很大的误解，盲目认为多媒体技术参与的体育课堂教学即优秀的现代方式体育教学。在多媒体课件体育内容方面，许多课件与教学内容存在着"重点不分、主次不分"的问题。此外，大多数课件都是按照教师讲解的常用方法进行多媒体方式的教学讲述，甚至有的教师只是把教材中的示例直接呈现到课件上，这种"照本宣科"的教学呈现实用性不高。照本宣科与文字内容太多的课件与传统板书指导教学的效果无异，仅将目光由板书授课与指导授课转移为电子屏幕授课，实质并无教学区别。

多媒体技术在体育教学中最直观的优势就是通过可视化的多媒体演练，将教师不能实地演练、传授的教学任务动作技巧直观地示范出来并重复学习观看，这样的生搬硬套并不能直接体现媒体技术的优势，也不能将教师的创造力直接地展示出来。

在课件形式方面，存在着"内容繁杂、华而不实"的问题。很多体育教学课件一味在形式上新颖花哨，追求效果。一是课件动画效果过多，与课程内容脱节，课件使用过多动画效果、音效，这样会使学生难以集中注意力；二是多媒体元素与知识点相关性小甚至毫不必要，修饰过度，课件的颜色组合、字体大小设置不合理，这样学生难以看清楚课件中的理论内容，也有可能因疑惑打断教学过程，这样教学效果大打折扣；三是课件内容复杂，不少老师在多媒体教学中，过多地堆积举例论证，这样就会导致单位课件内容过繁，单位课时容量过大，且难以筛选与记忆。当教师运用举例论证或对比论证等方法将幻灯片或多媒体网络资源展示完毕后，学生往往只是记住了课件中有趣的内容，而忽略了重要的动作知识点。

多媒体技术在体育教学中一味追求幻灯片与动态视频的数量，内容呈现太多太快，势必导致重难点难以突出，学生难以有效记住重要知识点。虽然多媒体技术能够丰富体育课堂教学形式和课堂内容，但是也要考虑学生学习的现实问题：学生在单位时间内接受程度有限、课堂内容过于复杂，这样必然导致学生对知识点一知半解，对动作要领难以及时了解、消化知识。

我们应该认识到，一个成功将多媒体技术与体育教学相结合的教学课件是在教育者熟悉教材内容、熟悉教学动作要领、结合学生实际身体素质与学习水平的情况下做出来的。因此，它必定携带着制作教师的教学风格、思维习惯与知识水平。从此观点出发，考虑到教学目标与任务、教学流程等方面因素，如果盲目引用课件内容将走入形式主义，教学目标与教学形式不能优化组合，只能使课堂内容徒增无效信息，干扰学生注意力，不仅不能辅助教学，反而会影响课堂教学的效率。

总之，多媒体教学形式只是达成教学目标的一种途径，如果单方面考虑形式的翻新，漠视体育教学中课堂内容的主要呈现，多媒体应用于体育教学的效果将大打折扣。

6.过分滥用技术，忽视教学实际

在一些教师看来，多媒体技术在体育教学的应用将影响他们的教学行为，将有可能取代教师的地位，大部分教师对多媒体体育教学的方式是十分认可的，但也有部分教师在进行体育授课时过分看重多媒体教学方式的应用，认为多媒体方式即正确的、优秀的教学方式，因此教学任务的传达过多使用多媒体设备与技术，占用教学课堂中实际训练的时间；还有教师在进行多媒体体育授课时，夸大课件教学的优势，盲目跟随课件教学的潮流，多媒体教学过程统统都用多媒体设备进行动作技巧传播。例如在体育教学过程中，一个简单的篮球传接球动作，可以由教师进行亲自示范与口头教授，这种较为简单的动作通常通过实际练习就能完成教学动作目标，而因为此类简易动作进行前期课件的准备，动态资源的寻找或静态资源的制作，往往会因延长教学指导时间而挤占实际训练时间。在达成教学动作目标前，有些动作技巧本来用实物道具在充分实践中更感性和直观进行教学的，制作成烦琐复杂的多媒体课件代替演示显然达不到理想效果，事倍功半。在教师进行多媒体体育教学的过程中，多媒体演示时间占比太长，导致实际训练动作的教学时间短、学生练习效率不高，因不能完成本节课时的教学任务动作，训练时间被过多占用。因此可以看出，在多媒体体育教学过程中存在过分滥用技术，忽视教学实际的问题，为了使用多媒体而使用多媒体，迎合学校的考评与开展多媒体教学政策的情况依然存在。"唯技术"论缺少对教学实际与课堂互动的考虑，对于提升现代化教学的目标反而起到了消极影响。

五、高校体育教学应用多媒体的作用与路径

（一）多媒体技术在高校体育教学中的作用

一些高校受传统的教学观念影响，仅注重学生的专业课学习及社会适应力的提升，对体育课程教学往往不够重视，这让学生的身体素质和身心健康发展都受到一定的影响。传统的体育教学内容比较单一、枯燥，大多围绕基础技能和知识点进行，学生在上一阶段已经学习过的内容在新一阶段又反复学习，不但影响教学效率，也不利于提高学生学习的积极性。同时，教师和学生之间互动较少，大多是以教师教学为主导，对学生进行灌输式的教学，学生被动地接受指导，很难真正掌握体育技能，也无法发挥个人优势。此外，一些高校的体育教学也受场地限制，很多高校的室内场地不足，天气恶劣时就无法进行体育授课。

在"体育＋多媒体"的教学模式下，学生获取体育知识的方式不再单一，可以多元化的学习方式学习更为全面的知识，如上网查阅资料等。教师可以通过直播的方式与学生进行互动。此外，教师也可以通过互联网将学习资料更加直观地展示给学生，有利于减轻教师备课的负担。同时，大部分的互联网资源都有利于学生对教学内容的理解，这有助于减少教师在课堂上的答疑时间，从而推动课堂整体效率的提升和教学质量的维持。

多媒体技术让体育学习有线上、线下不同的形式，学生能更容易地找到适宜的学习体育的方法，如可以通过互联网进行自我学习，或与教师、学生进行互动

学习。在当下无线网络全方位普及的时代,学生的学习已不再受时间、地点的限制,这种教学方法也正在被越来越多的学生所接受。

1. 突破时间地点的限制

通过"互联网+多媒体"的体育教学模式进行教学时,学生的学习也可以由传统的体育课堂、室外运动场逐渐转向家庭课堂。传统的体育教学要严格按照学校所规定的时间来进行,会出现体育教师临时有事而导致课程时间被其他学科挤占的情况。此外,一些体育教师在指导学生进行体育运动时,在体育动作的讲解、演示及指导上花费了大量的时间,导致上课时间不够。

"互联网+多媒体"模式能方便教师布置课下任务,并让教师能通过线上指导的方式掌握学生的体育技能水平,对学生的错误动作及时纠正,从而提高了体育运动水平。在天气恶劣时,教师也能够通过互联网平台完成教学目标和学习任务。在"互联网+多媒体"的模式下,学生能逐渐养成自主学习体育的习惯,并培养了终身体育意识。对于教师来说,"互联网+多媒体"的体育教学模式的运用合理解决了体育课程受多方面制约的现状,有效加强了学生的体育学习。

2. 促进体育教学信息化完善

在"互联网+多媒体"模式的教学过程中,教师可以运用最简洁的方式对学生进行教学,例如通过网络资料更为精准地对学生的体育知识进行深入引导,并且在教学中运用大量的图片、视频、音频等,给课程增添趣味性,让学生对体育基础知识的了解不再只凭想象。在此过程中,学生也能更加具体地了解到体育的运动内涵。同时,随着线上教学环节的使用,学生的学习过程和出勤情况将由软件进行完整、真实的统计,包括课堂测验的分数等,这使得过程性考核能够真实反映学生在某一个阶段的学习效果。

3. 使体育教学更加平台化

现代化的互联网教学可根据平台的完善度带给学生不同的学习体验。随着互联网模式的不断进步,其教学模式也更加多样化。现如今,平台的面板可以当作线下课堂的黑板,教师可以控制面板的形式进行知识讲解,大多数学生都可以通过教师的教学面板进行学习,更加具体、直观地了解体育知识。此外,教师在播放一些视频、图片时可以控制播放进度,也能够在图片或视频上添加知识要领和更加细节的数据,这促使了体育教学内容更加多元化,从真正意义上实现了日常体育教学,增添了学生对体育学习的兴趣。同时,学生在学习过程中也能通过线上的方式直接向教师反馈问题,增加了课堂的教学效率。

（二）高校体育多媒体教学改革的基本路径

1. 推动体育多媒体教学策略实施

随着计算机网络的不断发展，信息技术在高校教育教学中已经得到普遍应用，通过多媒体辅助教学能够使体育教学变得更加灵活，为体育教师个性化展示提供便利平台。推动体育多媒体教学策略实施的主要手段有以下两种。

（1）掌握多媒体教学内涵

教师需要充分掌握多媒体体育设施，深入了解学生的兴趣爱好，只有这样才能对体育教学的内容与难度进行掌握，从而提高课堂的多样性。要充分运用多媒体技术调动课堂氛围，将学生作为课堂的主体，适当地将自身与学生的角色与立场进行转换，更能够激发学生对学习的热情。

（2）加强师生交流

师生之间进行沟通与交流是体育多媒体教学效率提升的基本策略。体育教师需要对多媒体教学设定完整合理的教学计划与流程，这样学生可以明确老师的教学思路，有利于学生随着教师的思路进行学习，帮助师生之间进行良好沟通。另外，体育教师需要丰富多媒体教学语言，将比较抽象的体育教学语言简单化，便于学生理解，通过精练的语言对教学内容进行总结，避免学生出现阅读障碍。最后，教师需要对多媒体教学的相关问题进行精选，将教学内容与生活实践相结合，创建适当情境，对学生的思维进一步扩展，使学生对体育在生活中的价值进行深入分析。

2. 改善体育多媒体教学基础环境

关于体育多媒体教学基础环境的改革，首先，需要构建良好的教学氛围，密切关注多媒体教学的改革动向。高校要定期组织体育教师进行信息技术培训，在多媒体教学宣传的基础上，促进体育教师掌握多媒体教学技术。其次，高校需要构建科学合理的多媒体平台，加大多媒体建设的资金投入，完善多媒体教学设备。最后，高校体育教师需要在教学积累中逐渐形成多媒体教学意识，实现在教学中的角色转换，不断改善教学基础环境与教师教学思想，进一步推动体育多媒体教学的顺利开展。

3. 合理运用多媒体教学及微课教学

在多媒体教学的进程中，微课教学已经在各学科的多媒体教学中逐渐受到重视。微课教学主要是结合教学标准与教学实践，将视频作为主要的教学载体，围绕知识点进行教学与互动。在体育多媒体教学中，合理运用多媒体教学及微课教学，能够促进学生全面掌握体育技能与方法，对知识点的理解更加直观。通过微课教学，能够提高学生学习的积极性,通过多种教学手段对教学内容进行展示,将教学中的重点、难点更加直观地展现在学生面前,提升学生求知欲望。另外,生动的教学情境可以引发学生的学习兴趣、提高教学质量。例如在篮球教学中,会涉及传切、空切等战术问题,许多同学在初步学习时都会比较紧张,如果单纯地进行讲解,既花费大量时间,又不能达到预期的效果。如果通过微课进行教学,通过 NBA 篮球比赛游戏软件来制作微课教学课件,可以将游戏中的规则随意切换,通过模拟软件进行演示。这样一来学生会竞相模仿,在实际的篮球比赛中作出相关的战术配合。

六、多媒体融入高校体育教学的具体方案

(一)学校层面

1. 提升重视程度,加大资源投入

加强对大学生的身体素质教育,是关系到国家未来发展的大事。高校体育课程在引导学生建立良好的身体体能素质的同时,还承担了培养学生树立良好的人生观、世界观与体育观的责任。所以,持续巩固大学体育课程的地位是坚决落实现代教学课改精神的政策砝码。学校应领会现代教育高校教育改革未来走向,转变师生的教学观念,在推进多媒体教学发展的过程中用现代化教学模式引导师生互动。

对此,学校相关领导应重视培养学生自学能力与身体素质的重要任务,与相关部门商讨并督促进程,加大引进多元化的教学资源力度,加快硬件设施配备与软件技术水平提升。

实行教育改革首先考虑的就是资金投入问题。经费对于改革的实施起着保障的关键作用,资金投入的欠缺将直接影响多媒体教学的充分发挥,教学设备也难以得到配备保障。高校体育教学若与多媒体技术结合,硬件设备的不足会使教学工作无法展开。因此,高校管理部门需在硬件设施与配套方面偏重,加大体育专项投资力度、拓宽投资渠道,通过申请拨款、企业赞助或社会捐赠的专项资金进行专款专用,根据教学需求与资金来源渠道推进多媒体教学设施的配备,做到多媒体教学设备齐全。经研究,高校的建设面积普遍较大,校方可建设与高校体育教学相关的小型操场和室内多媒体训练场地,专业化的多媒体教学教室能够保障多媒体教学方式与训练内容同步进行,给师生营造良好的现代化多媒体教学环境;教育部门应在培训力度与政策上对经费的实行保障,提升高校体育教师的整体素质与多媒体业务水平,保证教学质量。同时,在高校完善多媒体设备时,校方还

需加强多媒体设备与资源的管理工作，应切实考虑各个方面，由专人负责，做到定期检查与保养设备，发现故障及时维修；准确记录设备配备与更换情况；完善教学设备使用管理条例、精简教师使用设备手续与流程，在硬件设备配备齐全后做好一系列防护和解决保护措施，保障多媒体教学资源在高校体育教学中的有效利用。

2. 重视培训规划，媒介素养先行

在新时代背景下，教师作为教育信息化持续发展的重要保证，作为推进多媒体技术运用与教学工作相结合的主要力量，迫切需要自身具有较强的应用能力，充分利用网络教学资源、全面提高教学质量等方面都离不开教师与时俱进地掌握先进信息技术，同时也为高校体育课教学内容的更新提供了条件，为高校体育课教学的新形态确立了保障。所以提升教师的媒介素养迫在眉睫。

体育教师教学知识水平的高低影响教学效果的优劣。同样，多媒体辅助体育教学效果的优劣也直接受教师运用多媒体技术操作水平的影响。教师操作多媒体设备的技能高低，一方面由自身潜力决定，另一方面也受学校的多媒体技术培训的效果影响。目前，大多数高校在教师多媒体技术方面的相关培训欠缺，体育教师普遍存在多媒体操作技术薄弱的现象。所以只有先做好基础的技能培训，才能在此基础上有所提高。教师通过自学方式来提高自身多媒体技能的效果是不够理想的，学校应该多在校内外为体育教师组织相关培训，建立多层次的培训手段，在师资、经费等方面提供充足的保障，要发挥本校培训机制，在校内由计算机老师负责定期培训体育教师。另外，学校还可以组建专项多媒体技术教学课题组，对不同需求的体育教师进行更具针对性的分层、分批的培训，针对不同专业与不同需求的教师组群，拿出更适宜的培训方案，还可以尝试各高校之间的培训合作与交流，参考本校实践教学情况进行特色教学培训。除此之外，定期在校内举办体育教师多媒体教学大赛，刺激体育教师通过各种途径提高自己的多媒体教学水平。综上所述，应通过培训并结合自学的方式来提高高校体育教师的多媒体设备、软件操作能力，使体育教师相关技能的操作得心应手，从而开发具有特色、特点的多媒体教学。

具体我们可以从以下几个方面进行培训：多媒体辅助高校体育教学的理论知识；多媒体课堂操作技能，如图片编辑、音频剪辑等技术；多媒体教学软件的引进与应用；多媒体辅助体育教学的教学技巧；等等。在进行多媒体技术培训的基础上不断提升自身的教学计划与教案能力，根据教学任务与现代教学的要求进行不断学习。只有体育教师自身具备优秀的素养，多媒体教学才有丰富的内容依托和充实的知识内涵，多媒体体育教学的真正价值才能充分实现。

3.重视对信息化平台的完善构建

信息平台的构建是进行线上教学的基础，也是推动课程完善的主要依据。学校应该不断加强平台化的建设，增加学生的学习效果，让学生在学习过程中感受更加方便快捷的体育学习模式。在平台上要有不同的学习面板，供学生选择。例如学生在课程将要开始时，要有在线学习的面板，让学生和教师能更加直观地交流和开展体育课程。学生还可以通过平台进行社团活动，通过线上报名的方式进行一些体育社团的活动，促进合作学习，提升个人的人际交往能力。平台的体质测试的面板让学生能够及时发现个人的体测成绩，这也是激励学生不断进步的过程。学生的互联网平台还要具有相关的体育新闻、场馆开放情况，以便于学生对体育相关资讯的了解更加快捷、直观。信息化平台需要在保证教学质量的同时，实现学生和教师的远距离沟通，还可以在平台上增加大量的体育相关资料，更加便捷学生的体育学习。

（二）教师层面

1.培养现代教育理念，自觉创新教学方式

教育理念的保守原因在于未完全了解开放式教学的实际优势与使用的可能性。多媒体应用于高校体育教学的积极意义是显著的。首先，多媒体教学将体育教学中文字或语言描述不够详尽的动作能够直观地、动态地呈现在学生眼前，教学任务中的连贯动作将被更加清晰、牢固的记忆，还可以激发学生对于现代化体育教学的学习兴趣，加强学生自主学习体育动作的能力。此外，传统体育授课中教师的演练授课是具有很大局限性的，天气、环境、动作难易程度、教师身体素质都会影响动作要领的正确展示，加上教师动作演练次数有限，都会影响课堂教学效果。而多媒体教学能抛弃客观限制，将动作要领向学生重复多次，让学生高效掌握要点，课下还能继续参照资源巩固练习，加深印象并改善教学效果。

多媒体教学方式和传统教学方式凭借着各自无法取代的优点，应科学地结合起来，实现现代技术教学理念。作为高校体育教师，在体育教学中要正确认识多媒体教学的地位和作用，摆正位置与形式，积极参与现代化教学改革，提高多媒体体育教学的有效度，消除学校、其他教师和学生心目中体育课是"简单教学"的错误观念。同时教师应该更加积极地参加多媒体教学各级各类培训，参加学校的课题研究，提高自身的能力素质与教学理念。

此外，课程资源与教学方式的发掘是多媒体教学前期准备环节中的重要组成部分。教师应在创新现代技术教育理念的基础上，自觉创新教学方式，不只仰赖于互联网共享与照搬照抄，在课件制作上通过培训与教师组讨论，进行原创方式

与适宜当下教学条件的教学方式进行教学。

2. 提升体育教师自身的综合素质

体育教师作为体育课程的主要引导者，自身的体育教学能力及教学经验直接影响着体育课程的质量。在运用多媒体技术对学生进行体育教学时，教师要注重个人的综合能力素质的提升，要积极地学习创新型教学方式，打破传统的教学观念，让学生接收到更多的体育知识点及体育技能。此外，教师还可以定期参加学校组织的教师培训活动，不断地丰富和完善对多媒体的各种功能的操作和运用，灵活运用多媒体技术，让学生能够通过多媒体平台迅速进入学习状态，提高学习效率。教师要以学生为主体，不断加强学生对体育学习的兴趣，让学生通过互联网平台根据自身的兴趣爱好选择学习内容，从而增强其自主学习能力，提高个人创造力。

3. 优化课件质量水平，媒体体育有机融合

从教师多媒体教学课件来源、教师设计多媒体教学课件的原则，以及学生对多媒体教学课件的喜欢程度分析，体育教师在体育教学时使用精心准备的、优质的教学课件或网络资源，是提升教学效果与学生喜欢程度的重要因素。因此，在对多媒体教学的前期准备中，推荐课件与资源是通过自己制作或自行搜集符合教学内容的引进，根据自身的教学风格与本学期教学内容重点，对引用的课件资源进行合理配置与修改，使其更加匹配当期教学任务。此外，课件的设计应该满足以下要求：内容题材要合理；引用、制作、修改相结合；界面设计要合理；课件内容要适量；多种工具共同协作。

针对教师阐述的优化课件质量时间和精力不够的问题，可考虑通过教师建立分组合作的方式完成，组内教研成员可以根据教学内容或章节进行分配制作，制作与优化时考虑本校情况与学生认知水平，制作出来的课件对本校体育教学情况针对性强，且各章节课件在分组内进行轮流使用，此方法便捷、高效，可以较为有效地解决问题。

制作出良好的多媒体课件是教师运用多媒体教学的基本条件，不仅需要教师制作出一个实用而精致的多媒体课件，而且要完成与之配套的教案课件。教师需要持续提高体育学科知识与教学能力，同时也要丰富自身现代化教学手段，同步提升多媒体技术的应用能力。与此同时，还可以发挥教师的优良传统，经常与同事之间进行教法、技术上的探讨，请教不同学科的有经验的教师，不断完善课件制作技能，必须杜绝出现质量低劣、单调的和不符合时代要求的课件，从形式到内容上，全面提高多媒体课件的质量，同时尽可能提高课件制作的效率。

在多媒体教学课件制时应注意以下方面：课件内容需合理化，要利用多媒体技术的优势，少用大量文字进行描述，将体育教学动作的要领通过静态图片或动

态视频演练出来；课件内容要依据体育动作的重要性进行合理分配与取舍；课件搭配应以教学内容与重点为展示主体，不能一味追求课件丰富化；课件容量应与实际教学任务分配进度搭配，避免出现容量过大的情况；资料的选取可根据学生的兴趣点进行参考选取。

4. 激发学生体育运动的兴趣

在运用多媒体进行体育教学时，教师要多注重培养学生的体育运动兴趣，可以增加一些竞赛视频的播放。学生在观看竞赛视频时，能深入了解并逐渐掌握视频中所运用到的体育运动的知识点和技能，教师可再将所运用到的知识点与实际训练相结合，让学生进行补充练习，提升教学效果。为了节约时间和提高学生运动的积极性，教师可以在平台上组织技能比拼，让学生进行互动，以上传运动视频或视频互动的方式，对学生的学习情况进行评比。这样不仅增加了学生进行体育锻炼的积极性，也使更多学生发挥了个人的优势，增加了对体育课程的兴趣。

5. 合理使用多媒体技术，优化教学效果

多媒体教学作为体育教学的辅助手段，可以成为教学内容的一种呈现形式，而当内容呈现出来以后，需要教师的讲授、解释，需要师生交流、学生探讨，这才是课堂的内容和核心。教师是教学活动的主导，学生在教学活动中承担着主体角色，多媒体技术则承担着辅助体育教学的角色。多媒体教学的过分依赖会导致师生在教学过程中的互动变少，这个现象的产生很大原因是没有分清多媒体教学的地位。只有明确形式永远该为教学内容服务的原则，才能将多媒体教学应用于体育教学的效果呈现最优化。

因此，正确的多媒体教学在制作多媒体课件的过程中，只有权衡取舍、增加删减，才能合理安排教学任务的开展。如在篮球课上，单纯地看 NBA 视频或是通过 PPT 讲解篮球的规则，这些方法可能无法让学生真实学习到篮球的技巧。这个时候就需要改变教学模式，运用音视频手段的同时，带大家走出课堂。

此外，教师在应用多媒体技术进行体育教学时应注意留有自由发挥的空间，调动学生的主动积极性、树立互动教学理念，教师首先要理解"以学生为中心，以教师为主导"的现代互动教学理念的重要性。具体来说，教师在多媒体教学中应该充分认识到要将学生作为课堂教学的主体，充分关注学生的体验和需要，根据讲授课程的特点和不同学生的接受能力进行教学设计，确定教学重点和难点，并在此基础上制作课件，通过学生的反馈不断改进多媒体课件及教学过程。力图让多媒体成为学生和师生之间有效交流的途径，鼓励学生主动思考问题、探索问题，打造多媒体课堂教学中的教师、多媒体、学生三者之间的有效互动关系。

6. 实现多媒体技术与线下教学相结合

多媒体教学能够给体育课程注入新的生机，但单一的线上教学模式并不能让学生的实际专业技能得到全面学习，教师还需要通过线下的方式，对学生进行专业指导，及时纠正学生的错误动作，使学生的学习效率提升。线上和线下相结合的形式有助于体育课程的教学质量的提高。高校也要探索具有自身特色的体育教学内容和方法，为学生积极参与学习提供有利条件。

七、例谈多媒体在高校体育教学中的应用

（一）多媒体在太极拳教学中的应用

1. 多媒体课件在高校太极拳教学中的作用

（1）提升教学质量，缓解教学负担

多媒体课件的运用在有效提升太极拳教学质量的同时，减轻了教师的教学负担，充分提高课程教学效果与教学质量。学生在课下可以通过对微课及多媒体课件、视频、图片等资源的学习，进一步提升对太极拳动作的熟练度。教师也可以通过观看学生上传的视频作业，了解学生的学习进度与学习状态，在课堂教学期间集中讲解或演示学生易错的动作，进而更加精确地进行纠正与指点。运用多媒体课件教学能够简化课程教学内容，精细化解析太极拳施展的重难点，确保学生能够充分熟悉并掌握太极拳的学习内容与施展动作。

（2）丰富教学内容，培养学习兴趣

高校多媒体教学系统具有较强的实用功能，其中强大的储存功能与信息检索功能，能够有效完善课程教学的全面性、简化课程教学流程、丰富课程教学理论与太极拳实践教学活动内容、提升学生的学习效率。教师可以结合原有的课程教学资料，完善多媒体课件教学设计，集中为学生展示太极拳理论知识，拓展学生的知识面。教师通过多媒体讲解太极拳的发展、拳理、动作内容、思想观念等理论知识，能够有效提升学生的课堂学习注意力，激发并培养学生对太极拳学习的兴趣。另外，多媒体课件也能够为学生多角度地展示太极拳的动作细节，让学生多角度、全方位地观察太极拳动作，在有效降低学生学习难度的同时，提升高校太极拳课程的教学质量与教学效率。

（3）强化思想引导，提升学习水平

多媒体课件能够运用丰富的形式帮助学生理解、认知太极拳的内涵理念，将抽象的哲学理念以生动形象的方式展现给学生，强化建设学生思想价值观念，避免一些局限性的思维认知限制学生学习能力的成长与进步。为此，简化太极拳教

学内容、运用经典太极拳教学视频提升课程教学效率，能够让学生快速感受到太极拳学习的有效作用。另外，结合多媒体课件及教师的讲解，能够让学生充分感知太极拳博大精深之处，同时能够端正学生的学习态度，避免学生将学习太极拳当作枯燥乏味的学习任务，或者直接将其视作中老年群体养生的体育锻炼项目，影响学生对太极拳内涵、拳法及核心思想理念的学习理解，限制学生体育学习水平及身体综合素质的提升。

2. 多媒体在高校太极拳教学中的应用措施

（1）深化太极拳教学，完善教学理念

高校体育教学期间，强化对太极拳理论的研究与拳理内容的推广，能在不断完善课程教学内容与太极拳修炼教材的基础上，丰富教学活动，提升课程教学效果，展现太极拳文化的博大精深及太极拳理念体系的深厚底蕴。合理运用多媒体课件教学手段，能在丰富教学理念内容的同时，强化对太极拳相关拳理的指导与练习，进一步强化课程教学效果，达到事半功倍的教学效果。首先，教师应引导学生理解和感受太极拳的理念、辨析学习任务目标、规避学习误区。其次，教师运用多媒体课件为学生展示不同的拳法视频及理念，能够提升学生的学习理解能力。最后，高校应积极推广太极拳教学内容，以自身丰富的教学资源，邀请一些权威、著名的拳家大师开展教育讲座，能够在有效激发学生学习探索积极性的基础上，提升学生对拳术研究的上进心与成就感，进而构建多方位、全面化的课程教学结构体系，促进太极拳教学事业及学生综合素养的全面提升与进步。

（2）细化太极拳教学内容，提升教学效果

在太极拳理论知识教学及动作讲解的过程中，单一的知识讲解和方法演示，并不能充分调动学生的学习积极性，教师可以运用精细化的教学设计与安排，提升课程教学效果与教学质量。首先，教师应尊重学生的学习主体地位，讲解太极拳的有效作用，让学生认识到学习太极拳法能够收获的好处，进一步激发学生的自主学习意识及锻炼积极性。其次，教师应纠正学生的错误学习理念及动作方法。部分学生根据课程知识讲解及多媒体课件，能够模仿出太极拳的整套动作，但是往往缺乏一定的精髓，针对学生遇到的学习困难，教师应一一讲解，指出学习错误及需要改正的方向。教师可以为学生设定一些简单的小目标，并结合学生能够理解、感受到的参照对比方式，展示太极拳法的健身作用及防身护体等功效，当学生逐渐认知并感受到自己身体素质及防护能力不断提升，就会进一步配合教师的教学任务，积极主动地学习太极拳。最后，教师想要有效提升教学效果，可以通过多媒体教学课件为学生展示一些不同太极拳流派代表人物的表演、训练视频。生动形象的视频影音资料能够展示出太极拳精湛的技击之道，并让学生清晰感知到如何通过太极拳的桩功套路动作及推手等动作的反复练习，达到意气合一、身体空灵、刚柔相济、松活弹抖等武术境界。

（3）建设高素质教师队伍，奠定教学基础

太极拳文化的继承、传播与弘扬，不仅需要武术传承者主动探寻传播途径与弘扬方法，也需要高校做好相应的教学准备及投入。在教师队伍建设与培训期间，强化团队建设与人才培养，能够在有效提升高校教育发展水平的同时，培养更多热爱传统文化、积极传播太极拳的高素质人才。当然，在教师团队培养与建设期间，高校管理层也需要考虑多方面的因素，比如太极拳教师自身的教学经验及实际水平。高校应尊重教师的实际差异性，强化多媒体课程教学措施，让学生根据教学视频主动熟悉课程知识内容，跟随视频完成初步学习及其他学习任务，缓解教师的课堂教学压力，提升课程教学效果。对于一些过度专注于知识传授和动作指导的教师，高校也需要在教学评价过程中，指导教师重视对太极拳深厚文化内涵的讲解与阐述，避免学生只是简单掌握了太极拳的套路与动作，却不理解其本质精髓，偏离原始教学预期。最后，高校在强化太极拳师资队伍建设与培养的过程中，也需要考虑太极拳文化的有效传承与弘扬。高校可以成立专门的宣传部门及组织队伍，在不断提升太极拳文化影响力的同时，激励太极拳师资人员主动提升自己，不断强化教学能力与职业素养，多方面培养现代化高校人才，确保高校师生身体素养与思想道德意识、身心健康等的全面提升与进步。

（4）丰富太极拳交流互动，推广其优势作用

太极拳文化的发展影响力在当前融媒体时代背景下得到了广泛提升，但是由于社会上现有的太极拳大家多半已经淡出人们的视线，能够传承和弘扬太极拳的高素质人才并不多见。为此，高校作为重要的人才教育基地，加大教育资源投入、宣传传统文化内容、吸收高素质太极拳人才，能够在不断提升教育质量水平的同时，提升太极拳文化的社会影响力及体育教学的有效性。高校可以通过加强太极拳文化交流与互动等方式，组织一些校园太极拳文化讲座和交流会，让更多太极拳文化爱好者及高校学生充分掌握、了解太极拳的正确练习方法和动作步骤，进一步体验气劲内功的进步过程，感受太极拳等高深中国传统功夫绝学的奇特魅力，这样有利于在不断提升学生信服度的同时，真正实现推广与弘扬太极拳文化的目标。

（二）多媒体在舞蹈教学中的应用

1.多媒体技术在高校体育舞蹈教学中的作用

（1）丰富高校体育舞蹈教学内容

在高校体育舞蹈教学中合理应用多媒体技术，可以有效丰富教学内容。舞蹈

教学内容不同于非艺术类教学内容，一些舞蹈知识特别是舞蹈细节展示并非是文字和语言能清晰呈现出来的，多数时间需要教师对一些舞蹈动作进行展示，这样便导致了舞蹈知识讲解过于单一和枯燥。通过采用多媒体技术，能借助一些视频和图片进行展示，让学生能够了解到一些特定的舞蹈类别在实际舞蹈表演或者编创过程当中应具备的要点。同时通过对这些视频进行暂停或者放大，教师可以详细指出这类舞蹈具备的特征，以及在表演过程当中具体动作呈现的幅度。因此，采用多媒体信息技术来开展高校体育舞蹈教学，能在一定程度上提升舞蹈教学内容的丰富性。

（2）辅助学生提升课堂参与积极性

互联网时代让传播方式得到转变，同时传播的内容也越来越丰富。在这样的环境之下，将多媒体技术应用到高校体育教学当中，能够激发学生参与课堂的积极主动性。在传统的教学环境之下，高校体育舞蹈专业教师在讲授知识时，通常比较枯燥，而且很多文字信息类的内容不具有逻辑性，在记忆方面难度比较大。在这样的状况之下，学生为了能够完成相应的教学任务，只能对一些信息内容进行死记硬背，便会使学生失去学习相应理论知识的兴趣。同时，缺乏理论知识指导会让学生的舞蹈动作不具精准性，让学生无法领悟到一些舞蹈动作的精髓。而在多媒体技术应用后，学生可以通过形象的信息展示方式对知识进行记忆，也可以按照教师所呈现的视频资料进行反复地观看，这样对提升学生参与课堂的积极性具有重要的作用。

（3）减轻教师课业负担

舞蹈教师为了能够让学生对相应的知识有更详细的了解，会在课堂当中对舞蹈基础理论知识进行讲解，同时也要对相应的舞蹈表演动作进行示范，这样会让教师教学负担比较重。他们通常会在课前准备较多的教学内容，为了让自身所展示的舞蹈表演动作更加规范化需要不断的演练，该种教学方式让很多舞蹈教师的课业负担比较重。而采用多媒体信息技术之后。在教学开展时，教师通过对相应资源的搜集和展示能够减轻教学的重担。可以有足够的时间对所要讲解的内容进行深入探讨和分析，进而减少一些展示环节。这对于高校体育舞蹈教师而言，能够更好地将精力投入教学方法研究中。让音乐舞蹈专业的教师能够不断优化自身授课的方式，让学生的课堂学习效果得到提升。

2. 高校体育舞蹈教学应用多媒体技术存在的不足

（1）部分高校对多媒体信息技术应用频率低

随着科技和经济的发展，我们已经进入信息时代，在此背景下，很多传统的媒介被信息化取代，同样，很多高校在开展教学活动时，都会以多媒体作为主要教学技术。但是，仍有一些高校教育理念过于死板，跟不上时代潮流，局限于固有的认知，极少使用多媒体信息技术来对教学内容、方法和模式进行改进和创新。在高校舞蹈教学中，很多教师受到传统体育舞蹈教学模式的影响，在实际开展教学活动当中仍然沿用以往的教学模式，未能充分利用多媒体信息技术。另外，部分高校在多媒体信息技术和设备更新方面不及时，导致很多多媒体辅助设备无法正常地使用，这样会影响高校对多媒体信息技术的正常使用。因此，高校与教师对多媒体信息技术应用意识存在偏颇，自然导致高校体育舞蹈对多媒体应用频率低。

（2）体育舞蹈教学课件制作水平低

体育舞蹈教学应用多媒体信息技术时间比较短，很多教学内容和教学资源在网络当中，上传的数量也比较少，在学校自身的教学资源库无法找到匹配的辅助资料。因此，需要教师在教学开展之前，对课件内容进行制作。由于高校体育舞蹈专业教师关于多媒体技术应用方面存在很多短板，尤其是在教学课件使用和设计时，经常会出现一些技术方面的问题，这样便使得体育舞蹈教学课件的制作效率比较低，在教学任务比较重的状况之下，很多体育舞蹈教师便会粗略地制定相应的课件，甚至在课件制作失败之后便不会采用多媒体信息技术辅助教学。

3. 多媒体在高校舞蹈教学中应用的策略

（1）提升教学多媒体信息技术应用意识与频率

在信息时代多媒体技术应用到高校体育舞蹈教学当中，是落实我国教育科学发展的重要举措，也是我国当前素质教育改革的必然趋势。因此在高校开展体育舞蹈教学课程时，应当注重对多媒体信息技术的应用。首先，应当提升高校对应用多媒体信息技术重要性的认知。当前，我国正处于社会主义发展的重要阶段，无论是经济还是文化，都应当呈现出创新的发展态势。因此，以往传统体育舞蹈专业教学的模式很难适应教学创新发展的目标。而采用多媒体信息技术，符合当前时代发展的需求，有利于提升学生舞蹈的想象力、创造力和表现力，这样才能够让舞蹈专业的学生在学习之后能够促进我国舞蹈艺术领域的发展。因此，高校应具备借助多媒体时代的技术优势实现体育舞蹈教学进行改革和创新的意识，一方面应当实时更新多媒体信息技术的相应设施、设备；另一方面教师也应当注重对体育舞蹈教学理念进行更新，在教学模式方面也应当具有一定的创新性，多采用多媒体信息技术辅助教学。

（2）提升教学课件制作质量与效率

笔者认为体育舞蹈等专业教师，应当注重对自身教学课件制作水平的提升。在实际的操作当中，高校可以组织教师来学习教学课件的制作方法，以及一些便捷的制作模式，这样才能够让教师在实际制作课件时，能够提升课件制作的质量和效率。另外，高校也应当联合一些科技企业，针对体育舞蹈专业特征，辅助教师制定出相应教学课件制作的便捷模板，教师在实际的课件制作当中，只要将相应的一些教学信息进行收集并上传（例如图片、视频、音频）到制作模板当中，便可以实现对课件的制作，这样在一定程度上能够提升体育舞蹈专业教师制作课件的效率和质量。

（3）提升多媒体信息技术与教学融合深度

高校体育舞蹈教师，在教学过程当中应采用多媒体信息技术融入教学的各个环节当中。其中，关于课程导入方面，要充分地利用多媒体技术优势，激发学生学习舞蹈知识的兴趣。如在针对特定的舞蹈类别进行教学时，可以将相应的视频资料保存在多媒体设备当中，然后在课程开展之前为学生展示舞蹈表现出的艺术美，让学生能体会到相应舞蹈所展现出的艺术内涵，这样便能够激发学生对舞蹈学习的主动性。然后在教学开展的过程当中，借助多媒体的动作分解，让学生进行学习和练习。并且采用录像的功能对每位学生表演的神态、动作、表情，进行清晰的记录，让学生可以在练习之后，查找自身表演所存在的不足。同时，教师还可以将学生练习的影像作为教学辅助资料，让学生进行分析和评价。另外，教师和学生在开展课程时，还可以采用一些远程教学的方式。例如在学习特定民族舞蹈时，可以联系当地的一些舞蹈高校，通过建立联合办学的方式，采用远程视频在线教学，让学生感受到这一民族舞蹈的衍生和发展环境，这对于学生提升自身舞蹈表演的内涵具有重要的促进作用。

（三）多媒体在瑜伽教学中的应用

1. 瑜伽和多媒体

瑜伽起源于印度，有着悠久的发展历史。近年来，随着瑜伽运动功效的显著体现，瑜伽受到了越来越多人的关注，练习者逐年增多。高校瑜伽教学作为瑜伽训练的一个重要分支，在推广普及瑜伽运动、提升高校学生身体素养等方面发挥着越来越大的作用。随着高校对瑜伽教学的重视，瑜伽教学的手段方法也得到了极大的关注。随着多媒体技术的快速发展，其在各行各业中的应用也得到了高度普及。但是，目前而言，其在高校瑜伽教学过程中的有效应用及推广并不清晰，需要深入探讨。本书尝试查阅近年来多媒体技术在国内高校瑜伽教学中的运用，总结其取得的成果，并针对现有问题，提出相关建议，以期为多媒体等先进技术在高校瑜伽教学过程中的可持续应用提供助益。

多媒体是一种通信形式，它将不同的内容形式（如文本、音频、图像、动画或视频）组合成一个单一的呈现形式，与传统的大众媒体（如印刷材料或音频记录）形成对比。多媒体的形式包括视频播客、音频幻灯片、动画节目和电影等。在人们的日常生活当中，多媒体发挥着很重要的作用，其已经成为新时代年轻人的生活必需品。为了较好地迎合年轻人，尤其是刚入校的大学生的喜好，高校瑜伽教学可以搭上科技发展的列车，运用多媒体技术改进瑜伽教学的效果。

　　目前，关于多媒体技术与瑜伽教学结合的分析并不多，相关研究列举如下。张雷剖析了多媒体软件教学在瑜伽教学中的应用，发现其提升了教师和学生的教学、学习积极性，在教学改革与发展的进程中有效丰富了教学形式和教学手段，对于课堂教学质量与教学效率的提高具有重要的意义。有学者发现，多媒体作为一种教学辅助工具被广泛应用于课堂教学中，在瑜伽教学中引入多媒体教学法能有效提高瑜伽教学的效果。

　　2. 多媒体在高校瑜伽教学中的应用策略和作用

　　（1）线上教学

　　线上教学模式是线下教学的有机补充。在特殊时期，线上教学模式在高校课程教育方面发挥着十分重要的作用。对于瑜伽教学，亦是如此。线上视频教学时，可以较好地利用现代多媒体技术的优势。

　　当然，与面对面的瑜伽教学相比，在线教瑜伽也有很多好处。首先，网络教学比实体教学便宜得多，可以有效补充实体课程，减轻高校瑜伽教学方面的经费投入。在线教学具有较好的可伸缩性，通过上网，可以不受地理位置或物理空间的限制。在线课程可以让授课教师同时教授更多的人，不受训练空间的限制和约束。除此之外，在线瑜伽教学也需要注意以下问题，以提高教学的效果：选择合适的瑜伽课程主题和定位、选择课程格式和教学方法、准备在线教学的工具和设备（多媒体）等。

　　（2）多媒体音乐

　　罗曼·罗兰说过，音乐不是一种单纯的消遣，它或是对于心灵的一种理智上的裨益，或是镇定灵魂的一种抚慰。练习好瑜伽，选择对的瑜伽音乐至关重要，其不仅能作为瑜伽练习时的辅助，还能作为日常放松和休息的一种方式，舒缓紧张的情绪，提升睡眠质量[①]。瑜伽练习的多媒体音乐形式可以是 CD、DVD，也可以是网络上常用的音频，如 MP3、AVI 等格式。多媒体音乐的风格多样，但并不是所有的音乐风格均适合瑜伽练习，其中适合瑜伽训练的音乐需要能达到以下效果，即心灵的宁静和练习中的专注。

---

① 葛一雯. 音乐在瑜伽教学中的作用 [J]. 当代体育科技，2017，7（21）：108；110.

（3）多媒体录像及视频

除了线上教学，视频教学也可以在线下教学过程中发挥重要的作用。在开始瑜伽训练前，可以利用多媒体设备播放比较优美的视频短片，让学生为瑜伽学习做准备，提前进入比较放松的状态。同时，也可以利用多媒体设备，将学生瑜伽训练的全过程进行录像，供学生训练后观看，这样可以有助于学生纠正自己的错误动作。在瑜伽训练结束后，学生也可以集体观看瑜伽大师的视频，向专家大师学习，有助于学生提高学习兴趣，提升瑜伽练习的效果。具体的分析如下。

①瑜伽教学过程的整体把控

在瑜伽授课过程中，学生或者教师往往是通过视觉和听觉来感知瑜伽动作和传递教学信息，而多媒体教学手段在这个过程中发挥着十分突出的作用。

②有利于突出动作技术的重点和关键

例如在学习较复杂的瑜伽技术动作时，可利用电视、录像，放慢速度并多次重复动作技术的关键环节。通过多次演示、强化，促使学生掌握技术的重点和关键点。

③有利于进一步提高和改进动作

通过现代化教学手段显示的图像，或通过对学生的动作进行录像，可以让学生进行对比分析，发现问题，及时改进和提高。

当然，在录制瑜伽训练录像或者视频时，需要注意以下事项。

① 做好准备工作：如果对自己创造的镜头感到舒适和熟悉，在拍摄时会感到更加自信。

② 身体耐力：想象一下，教一门课，把一个恰图兰卡分解，然后再乘以一百万。在拍摄前要照顾好身体，这样在录制瑜伽动作时会更得心应手。

通过以上分析，发现多媒体录像及视频的方式可以有效提升高校学生学习瑜伽的效率，对于瑜伽运动的教学有很大助益。

第二节　分层教学模式在高校体育教学中的应用

一、概述分层教学

（一）分层教学的内涵

分层教学是指体育教师在教学中要根据学生已经掌握的基础知识和基本动作要领、学生身体素质和健康状况，以及对一些体育活动的认知水平和掌握能力为主要依据，教师通过这些不同点对学生进行分类，在上课的过程中做到分层次教学。

不同小组之间的教学活动的区别主要体现在课程内容的选择和对某一课程的上课进度和讲解速度方面，通过不同层次的上课方式和讲解内容，满足学生的体育学习的目标。在分组教学过程中，一定要重视学生的实际情况和教学目标、教学方式，三者做到有机结合，学生的实际情况是分组教学的基础和依据，教学目标是教学任务完成的依据，教学方式的选择是根据学生的现实基础和教师的教学目标而制定出来的合适的教学方法。

近年来，我国不断创新教学方式，而分层教学恰好符合这一形势。实施分层教学，将每个学生看作独立的个体，结合学生的个性和能力进行因材施教。教师需要指导不同的学生，充分发挥其主体地位，这样学生的发展空间也会得到拓展。通过分层教学，教师可以更好地掌握学生的学习特点和身体情况，进行科学分组，同一个小组的学生各方面情况都是相似的。因此，采取的教学方法和教学目标也符合每个学生的学习情况，能够激发学生的学习积极性。利用分层教学可以使学生的实际需求得到满足。

（二）分层教学的由来与发展

1. 国内分层教学的由来与发展

纵观历史，教育家们很早就懂得提高教育质量必须重视学生差异，大教育家孔子认为，"智莫难于知人"（《孔子家语·弟子行》），认为真正的智慧无非是正确的了解一个人，要通过多角度仔细观察、审度和评判，才能得知学生之间的不同特点。除此之外，孔子也主张将学生的个性和学习能力作为因材施教的重要因素，以便为每个学生找到最适合自己的学习方式。南宋儒学家朱熹更是将孔子的教育理念理解为，"圣贤施教，各因其材，小以小成，大以大成，无人弃也"（《四书章句集注》），即使是技艺娴熟的教师，也要尊重每个学生的差异，不放弃任何学生；明代哲学家王守仁将人的差异视作"夫良医之治病，随其疾之虚实强弱、寒热内外，而斟酌加减，调理补泄之，要在去病而已，初无一定之方，不问疾候之如何，而必使人人服之也。君子养心之学，亦何以异于斯"（《与刘元道·癸未》），教书育人如同治病救人，要充分了解其原因、症状、病理特性之后再做判断，每种药方对应每种症状，课堂之上师生之间亦是如此。20世纪初，西方分层教学经由日本传入我国，称为"分团教学"，清末的国民教育思潮为其提供了传播的温床，致使教育界抨击以往班级授课过分制度化扼杀了儿童的个性发展的弊端。抗战和内战时期，刚刚有所起步的分团教学被迫中断；直至国家恢复高考，同时受到需要社会主义现代化建设人才的影响，中小学课堂开始出现按学生能力分班的状况，由于对学生负面影响过大，后期被国家有关部门叫停。20世纪90年代，人民思想空前解放，家长逐渐意识到教育是改变下一代的决定性因素，同时义务教育全国普及，使课堂教学更加强调目标与措施的适应性，这与分层教学的核心理念相吻合，所以该模式也被众多现代教育专家所认可。时至今日已在外语、计算机、数理等学科领域进行可行性的理论研究，逐渐成为尊重学生个性、充分发挥学生所长、用特定的教学方法实现预设教学目标的一种模式。

2. 国外分层教学的由来与发展

19 世纪末至 20 世纪初，西方义务教育普及开来，学生学力水平参差不齐，使分层教学大规模出现。其中代表性的是华虚朋（Carleton Wolsey Washburne）和海伦·柏克赫斯特（Helen Parkhurst），他们分别在 1919 年、1920 年提出了文纳卡特制和道尔顿制，二者主张学生按自己的学习速度、能力依次完成学习任务。这两种教学模式曾被众多国家接受，但后来受制于因材施教的复杂性和历史局限性等几乎销声匿迹。20 世纪 30 年代至"二战"期间，经济危机席卷全球，加之战火四起，各国重心放置于恢复经济和参战，美、英、法、德等教育基础发达国家纷纷陷入战火，教育事业陷入停滞，分层教学一度衰落。"二战"后至 20 世纪中叶，以美国为首的西方各国倡导"优质教育"，分层教学重新进入课堂，美国率先批判教育的"平庸"，表达对"优异"的向往，例如将同一年级的学生按不同学科的学力和成绩分为若干层级，分别教学，这样可以顾及学生在不同学科的发展，并在 20 世纪末，普及至全国。20 世纪 60 年代以来，受美国影响，分层教学成为众多国家所关注的教学实践前沿之一。如新加坡的小学三年级学生需进行筛选考试，分为"特长""快""慢"三种班级，再经过中考、高考，最终学力超前的学生进入大学。德国的"FEGA"学程模式，分别代表从高到低四种学程的德文缩写，同时有基本教材和候补教材两种学习资料，基本教材是所有学生的必修教材，而候补教材是为学力超群的学生所编写。这说明，德国通过学生对知识的接受程度和学习能力将其划分为 4 种水平，且每一种学程的学习进度和难易程度都与本组学生相契合。

（三）高校体育应用分层教学的必要性

1. 学生身体素质存在差异

学生的身体素质和健康状况受到先天身体健康条件和后天锻炼情况的影响，不同的学生对身体素质和健康状况也会有所不同，对于先天强壮，平时又勤于锻炼的同学们，可以选择一些运动强度较大的体育项目进行学习，但这些项目却不适合身体状况较差，平时锻炼次数较少的同学，因为强度过大的体育锻炼对体育素质较差的同学来说将会无法承受，在一定程度上会损害学生的身体健康。平时锻炼较少的同学可以选择一些运动强度适当的体育项目，在锻炼的过程中，提高自己的身体素质和健康状况。体育锻炼是为了提高身体素质的一项活动，学生如果不考虑自己的身体状况而上一些运动强度较大的体育项目，这是错误的上课观点。因此，体育项目的选择要以学生的身体素质为前提条件，教师可以根据同学们的身体素质进行分层教学。

2. 学生对于体育项目的兴趣不同

教学过程中常说的一句话就是兴趣是最好的教师，在教学过程中，要符合学生自己的兴趣爱好，体育教学活动也是如此的。女生可能会喜欢健美操、瑜伽等一些比较柔和的运动项目，男生则可能会喜欢篮球、足球、乒乓球等一些强度较大的运动项目。由于每位同学的兴趣爱好是不同的，高校在设置体育课程时，要考虑到学生的兴趣爱好，如果体育课程符合学生的兴趣爱好，将会在很大程度上提高学生的上课积极性和进行体育锻炼的积极性。因为每位同学的兴趣爱好不同，体育教师在进行教学活动的时候，可以通过分层进行教学。分层教学也是因材施教的一种表现形式，通过充分了解每位同学的兴趣爱好，把同学们的兴趣爱好转化为学习的动力。对于那些认为体育课程是不必要的科目，平时锻炼较少的同学们，教师要讲解这项体育运动的优点，吸引学生的兴趣，从而进一步进行体育学习。

3. 学生对体育的认识情况不同

每位同学对体育的认识情况不同，平时爱好运动和体育锻炼的同学们会认为体育运动是一项增强体魄、提高精神状况的运动项目；而有些同学对体育锻炼的兴趣并不大，认为体育课的学习对于自己的分数不会产生任何的影响，对于评奖评优等一系列活动也无影响，他们选择体育课完全是为了学分，所以他们对体育课的学习的动力较低，导致学习态度不端正、学习效率降低。而对于体育学习的认知不同，就会有不同的学习态度，热爱体育锻炼的同学学习态度比较良好，上课会认真听讲，认真练习老师讲解的基础动作要领，对于此类运动项目的提高较大；那些对于体育兴趣较低的同学，上课的态度也不会特别端正，认为体育学习是一项枯燥乏味的学习，导致学习效果较差。在开展体育课程时，通过分层教学可以让同学们选择自己感兴趣的体育项目，端正同学们的上课态度，提高体育活动的趣味性。

（四）分层教学的理论基础

1. 个体差异理论

个体差异是个体之间的先天禀赋与后天环境造成的差异。先天遗传人为无法干预，是天生由来；后天在人的发展过程中，主观努力、家庭与社会、受教育程度及实践活动中各有不同，所以造成人与人之间的能力具有明显差异，并通过智力、能力、性格表现出来，心理学将其定义为"个体差异"，^① 即人与人之间必然存在着发展程度和能力表现时间的不同。大学生处于人生重要发展阶段，各方面素质已基本定型，他们之间的发展程度及能力表现上更加明显，所以在教学过程中，要着眼学生实际，做到针对不同学生的差异性进行因材施教。

2. 素质教育理论

素质教育作为马克思主义中国化的理论成果，是当今中国教育改革发展的战略主题，是根植于中国传统文化的教育实践创新。素质教育基于《中华人民共和国教育法》，面向全体学生，以提高学生全面身体素质为根本宗旨，为每一个学生在基础体育知识、运动能力、锻炼心理等方面带来积极作用。分层教学根据教学大纲要求，以学生个人特点为导向，针对各层级的教学目标，对不同层次的学生给予不同的辅导，使之从各自起点上在练习内容难度、运动强度、接受速度方面达到力所能及的进步。针对高层级的学生进一步发掘运动潜能，针对运动能力薄弱的建立运动信心，使其感受运动的快乐，学有所获，充分体现分层教学以素质教育为理论基础的特点。

3. 可接受性原则

巴班斯基在提出可接受性教育原则时表明，在课堂上为了减少学生在智力、能力、精神上的压力，教师需要安排符合其实际学习可能性的学习任务；同时注重学生对教学语言、教学过程、教学内容的可接受性。学生学习能力的差异，主要体现在学生接受知识的速度上，而不是完全体现在期末的达标能力上，针对接受能力缓慢的学生，教师在注重因材施教的同时从方法、内容、分量和进度上寻找学生可接受的难度，让学生经过一定努力才有所收获，促进全面发展。

4. 最近发展区理论

维果茨基率先在心理学领域中谈及最近发展区理论，他指出学生在成长中有两种发展阶段：一是学生自身活动时可以独自解决问题的能力；二是经过后期教育可能带来的潜在水平。两者之间的差异称为"最近发展区"。在大学体育课的分层教学课堂上，教师要充分掌握学生的专业学科背景、经验基础、运动能力等信息，根据其自身实际水平将学生安排至不同阶层，不同阶层安排不同难度的教学目标，让练习任务和学生运动能力保持合适距离，达到教学手段引领学生发展的目的。同样，教师要着眼于最近发展区，为学生设置合理的教学难度，让学生的训练任务在力所能及之内，在充分体验运动快感的同时激发潜能，在达到最近的一个发展区后进行下一个发展区的发展。

---

① 周俊平. 体育课"分层"教学模式探讨 [J]. 体育科研，2002（1）：34－38.

二、高校体育分层教学的应用价值和意义

（一）分层教学在高校体育教学中的应用价值

1. 实现高校体育因材施教

高校学生群体的综合能力都是参差不齐的，处于不同的学习和成长环境，因此在体育课上的领悟能力和学习能力各不相同，通常一堂课下来学生的掌握情况也千差万别。教师通过采用分层教学法能够针对这一情况合理调整教学内容，帮助不同程度的学生提升自身体育运动能力，并达到教学目标，实现教学效果的最大化。高校体育教师需要考虑学生个体之间的差异，进而对教学方案进行改善，有助于促进教师因材施教能力的提高，重视学生在教学中的主体地位。高校体育教学中采用分层教学法，是实践因材施教的重要推动力，具有非常重要的教学实践价值，通过因材施教能够激发学生的学习兴趣，并发挥学生自主学习的能动性。

2. 转变教学观念，丰富体育课堂

传统的体育教学活动比较单一化，常常是跑步、跳远、跳高等基础的教学活动，这些教学活动对学生的吸引力较低，导致大部分学生上课的积极性较差，完全不能发挥体育课程对于学生提高身体素质和心理健康的作用。高校在设计体育课程时，应该根据学生的兴趣爱好，设置如篮球、羽毛球、瑜伽和健美操等一些对学生的吸引力较大的体育项目，这样可以很大程度上提高同学们进行体育锻炼的积极性和兴趣。学校通过设置多样化的体育课程，让同学们通过学校的选课系统自主选择感兴趣的体育课，是高校在应用分层教学的一个重要的措施，这可以帮助高校解决体育课程过于单一的问题。

同学根据自己的兴趣爱好，通过选课系统进行自主选择体育课程的过程，就是学校对学生进行分层体育教学的过程。这可以最大限度地满足各种各样的学生的不同体育爱好和需求。同一个体育项目的同学们在一起上课，因为同学们有相同的体育兴趣，相互之间可以进行交流和沟通，可以提高课堂效率和每位同学的体育技能。同学们对所学课程具有一定的兴趣，在课堂上会认真听讲、积极训练，会提高课堂效果。在体育课上课之前，应让同学们自主选择想要上的课程内容。

3. 落实分组学习，满足学生需求

通过选课系统，具有相同的体育爱好的同学们在一起上课，但每位同学对于此类项目的学习程度也会有所不同。这时候，就需要体育教师在课堂上进行分层教学，具体的做法有：在上课之前，充分了解每位同学的学习状况和对此类体育活动的掌握情况，教师将技能在同一水平线上的同学们进行分组教学。

体育教师在上课的时候，可以多给基础较差的同学讲解基础知识和基本动作要领，让同学们反复进行练习，帮助同学们打好基础，为以后的体育学习奠定良好的基础。因为基础知识和基本动作要领是体育课程的重中之重，如果基础不夯实，对于以后技巧性的学习是十分不利的，而很多同学在体育训练的过程中会忽视基础动作的训练和加强，认为这项学习比较枯燥无味，急于学习难度特别大的动作和一些技巧，这是完全错误的学习方法，将会使体育学习本末倒置。教师对于一些基础动作要领掌握比较牢固的同学，可以教给其一些难度较大的动作和在比赛场中运用的灵活的技巧，起到出奇制胜的作用。

在同一节课堂上进行分层次教学，可以避免下面的情况，比如一位热爱羽毛球的同学，在大学体育选课的时候四个学期都选择了羽毛球课程，然而四个学期只都学了一些诸如正手发球、反手发球和高远球等基本的发球动作和基础的打羽毛球的方式，而没有在此基础上得到进一步学习。在同一课堂上不进行分组教学最大的弊端在于每次选课都会重复一样的课程内容，体育教师不了解学生对于此类体育项目的学习情况，将每一位同学都视为第一次接触此类体育项目，一切都会从零开始讲解，这对于提前学习过的同学不能得到进一步的锻炼和提高。在体育课程中采取分层教学的方式，将会避免这类问题的出现。

4. 提升高校体育教学效果

分层教学在高校体育教学中的重要价值，体现在其能够在教学中根据不同学生层次、水平，将学生科学、合理地划分为不同的组，并针对不同组给予合理、有效的教学方式。体育教师采用分层教学法有助于提升教学效果，合理优化教学内容，只有针对不同学生的学习程度进行有效沟通，解决学生的个人学习问题，才能够保证每组学生能力的平衡，让每个学生都能跟上教学进度。相似能力的学生在一组中，可以相互督促、相互学习，共同努力和进步，有助于整个班级学生能力的持恒。层次教学法在体育教学中的应用，可实现体育教学效果提升的重要价值，保证体育教学的顺利进行，提升了体育教学综合效率，解决了教学难题。高校体育教师通过采用分层教学法，可将同一组学生遇到的问题进行集中解决，提升了学生体育学习的全面发展，最大限度地提高了体育教学的质量和效率。

5. 采用分层考核，促进学生发展

实行分层教学的课堂模式并不是仅仅对于学生上课的内容和上课的进度和速度采用分层教学，在学生体育考核方面也要采取分层考核的方式方法。这样做有利于每位同学都能够实现自己的体育课程目标和顺利完成该课程。在学生考核评价过程中，根据学生的实际分层状况，制定符合学生实际状况的考核标准，对于体育项目技术水平高的同学，体育教师要制定难度较高的体育考核标准，对于体育项目技术水平相对较低的同学来说，教师可以适当地降低考核的标准。通过不同层次的考核标准，促使不用程度的学生都有一定的进步，避免体育教师在考核过程中，过于死板和单一化的考察方式打击学生学习体育项目的积极性，提高考核的效果。学生也通过属于自己的分类考察标准得出的考核评价成绩，进行适当的调整，加强体育锻炼，满足学生实际的需要。

（二）分层教学方法的应用对于高校体育教学的意义

1. 有利于学生素质的提升

在高校体育教学中采用分层教学法，能够提升学生的综合素质，有助于体育教师根据学生综合情况的不同，进行相对应的教学方式，可保证每一位学生都能够在原来的基础上深化学习，有效提升了学生的综合素质。高校体育教师利用分层教学法，可缩小学生与学生之间的程度差异，在体育教学中寻找到每一组最合适的教学方式，以促进大学生体育素质的提高，并能保证学生得到健康的发展。

2. 有利于促进学生全面发展

高校体育教师采用分层教学法，对学生个性化发展起到有效的推进作用，针对每个学生的发展需求，制定更有效的教学内容，充分体现了因材施教的原则。分层教学模式在高校体育教育中的应用，具有促进学生全面发展的重要意义，可避免学生个体与集体教学之间的矛盾，实现学生个性化全面发展。分层教学在体育教学中的应用能够更好地处理个体与集体之间的关系，避免产生一些摩擦，有助于促进教师与学生之间的交流、沟通，有助于培养学生全面素质，减少不和谐因素的发生，可推动高校学生全面、综合地发展。

3. 有利于调动学生体育学习积极性

高校体育教育的目标和要求虽然是针对每位学生的，但由于每位学生都具有不同的体育基础能力，在体育学习中的学习结果也各不相同，很难实现教学效果的统一。传统的体育教学方法单一，很难从根本上提升每位学生的体育素质，甚至还会影响学生对体育学习的信心。分层教学在高校体育课堂中的应用，可根据学生的个性给予针对性的指导，有助于激发学生的学习积极性，可以满足学生的个性化发展需求，具有非常有效的实践教学意义。

三、高校体育应用分层教学面临的局限性

（一）体育教学的思想观念较为落后

新形势下，随着国家教育体制的不断改革和完善，一些新型的教育观念涌现，

体育教学也变得更加多样化，各种先进的体育设备相继投入教学工作中，旨在丰富学生的体育课堂教学。但是仍然有大多数教师在教学工作中采取以往传统的教学方法，教学理念也比较陈旧，无法跟上时代发展的脚步。当下大部分体育教师在日常的课堂教学中，对于体育运动项目的教学重视程度不足，认为在应试教育的背景下学生的文化课成绩才是最重要的，在实际的体育课堂上让学生自由活动，从而忽略了开设体育课程的真正目标所在。实际上，我国目前在教育领域对体育教学的重视度越来越高，体育课堂的有效开展不仅能够增强学生的体质、锻炼学生坚强的心理素质，还能够给学生科普日常生活中的一些常识及培养学生面对困难的应对能力。

（二）教师综合素质较低

分层教学方法主要是根据学生学习能力的差异分为几个不同的小组，然后教师针对每个小组内学生的实际学习情况设计不同的教学方案。但是现如今分层教学法难以在体育实际教学过程中投入使用的主要原因在于教师的综合素养达不到要求。分层教学需要教师有敏锐的观察能力，从而能够更加细致地将学生分为几个类型；另外还需要教师有专业的知识储备、对各类体育运动项目能够熟练操作并能详细地讲解出其中的关键要点；最后还需要体育教师自身具有良好的专业素养，在实际的体育教学过程中，教师要考虑学生的人身安全及学生的心理素质问题，要时刻关注每一个学生的课堂学习状态，发现问题并及时解决。但是在当下，我国的大部分学校中的体育教师的综合教学素养都无法达到标准要求，无法将分层教学合理有效地运用到体育教学中，教学效果不明显。

四、分层教学在高校体育教学中的应用途径

（一）高校体育落实分层教学策略的要求

1. 针对性地展开教学

教师应该结合学生的实际学习情况进行分层教学法。在体育教学过程中，教师要了解学生的兴趣爱好，从兴趣爱好的方面引导学生进行体育学习，既能加强学生体育学习的参与度，也能激发学生的学习兴趣。其次，教师应该制订清晰的教学方案，对体育教学内容有明确的规划，比如做好体育各项科目的合理分类，教师可以通过小型的测试体现学生在不同体育科目上的优势，以便于对不同的学生实施不同的训练方案。总之，有针对性的教学可以使学生提高对体育训练的重视度，改变学生对体育学习的消极看法，最大限度上开发了学生的潜力，激发了学生的学习兴趣，进一步促进体育教学水平的提高。

2. 发挥学生主体地位

在体育教学当中，有很多大学生并没有认识到自身是体育学习的主角，都模糊地把体育教师作为整个体育课堂的主体，这种课堂观念非常影响学生在整个体育学习过程当中的积极性与学习兴趣。所以，随着新课改的不断变革，在这个体育教学过程当中，需要教师和学生对体育课堂观念有一个充分的认知，教师在体育教学当中要以学生为本，转变学生的错误认知。分层教学的关键点就是做好不同学习层次的分类，这样做能够提高分层教学方法的进一步实施。所以说在大学体育教学过程中，教师要从多个方面对学生进行合理的层次分类，必要的可以对学生进行长期的了解，在了解学生的体育学习情况之后再进行详细的层次划分，针对在身体素质上有优势的学生，可以对其进行测试，根据测试结果进行合理的分类，充分发挥学生的优势，提高学生在体育学习中的主体地位。例如在健美操训练的过程中，让学生根据自己的爱好与能力展开不同层次的练习，不同水平的学生选择适合自己的训练方式，能够提高学生的学习积极性，改变学生对体育训练的错误认知。

3. 提高教师的综合素质

在大学体育教学过程中，一大部分教师以固有的观念展开体育教学。在这种教学环境下，学生对于体育的学习与训练缺乏一定的主动性，这种学习状态不利于学生学习潜力的开发，影响了大学体育教学价值的发挥。因此，大学体育中分层教学方式的应用关键在于教师的教学方法和理念，教师应该提高因材施教的意识，加强与学生的交流，了解学生对体育学科的认知及他们的兴趣爱好，教师对学生的了解，有利于体育教学方案的设计及教学方案的实施。另外，对教学模式进行优化也是体育教师的一个必要工作，要勇于改变过去的教学方式。在保证学生了解体育基础知识的前提下，创新教学模式，唤醒学生的正确认知。面对素质教育的发展背景，教师需要优化大学体育的教学方案，促进分层教学方法在体育教学中更好地实施。

（二）分层教学在高校体育教学中的具体实践路径

1. 通过调研活动掌握学生的体育水平

分层教学是一种建立在尊重学生学习主动权基础上的教学方式，旨在突出学生的主体地位，让学生能够舒适、高效地学习，在原有基础上得到一定的提升。所以，了解学生是顺利展开分层教学的前提和根本。换言之，在实施分层教学之前，教师必须深入、全面地了解学生的实际情况，包括体育素质、体育兴趣、个性差异等。具体的调查方法有信息反馈、面对面访谈、摸底考试、技能比赛、课堂表现等。

教师通过这些调研活动整理、归纳并分析学生的基本资料，然后进行归档保存。这是非常重要的一个环节，教师调查的内容尽量要方方面面都涵盖到。在实际生活中，很多高校体育教师在实施分层教学的过程中仅仅以学生体育成绩为依据对学生进行分层，这样的分层不具有科学性，会抑制分层教学价值的发挥。对于调研方法，教师应当根据所需要掌握的信息合理选择。例如为了了解学生的兴趣爱好和学习态度，教师可以采取面对面访谈的调研方式。为了了解学生的体育技能，教师可以组织学生展开体育技能比赛。在技能比赛中，学生能够展示出自己最真实的水平，教师再根据学生的比赛结果进行分析，掌握学生的体育技能水平。只有教师深入了解学生，全面掌握学生信息，才能保障接下来分层教学实施的科学性、有效性。

2. 根据实际情况进行分层

分层教育是最基础但也是最重要的阶段，是对全体学生进行分层，这就涉及如何分层、分层的标准等各种问题，只有科学合理地进行分层，才能为接下来的教学奠定基础，如果分层不够科学，那么分层教学也就失去了其存在的意义。在实际的体育教学中，教师必须认识到，分层教学与传统的分组或个别教学是有本质区别的，分层教学最重要的是将技术水平接近的学生安排在同一个小组，而不是随意地进行分组。那么，如何确定学生的技术水平呢？在分组前，必须对学生进行一系列的综合素质测评，主要包括身体素质、学习态度及专业素养等各方面。身体素质主要包括测试学生进行五十米跑的情况，以记录学生的速度素质与力量素质；学习态度主要通过课堂进行，包括老师对学生学习情况的观察或与学生进行谈话等；专业素养具有较强的针对性，主要通过对学生几项特定的项目进行训练就可以测定。在对学生进行几项测试后，就可以根据学生的测试情况进行相应的分层了，主要可以分为三个层次：第一个层次，学生身体素质相对较差，并缺乏积极主动的锻炼，但是学习态度认真，对体育学习具有一定的兴趣；第二个层次，身体素质相对较好，且对体育项目和体育学习具有较强的兴趣，但是在专项技能方面存在一定的不足；第三个层次，身体素质比较好，不仅对体育锻炼和学习具有非常浓厚的兴趣，还掌握了一定的专业技能，能与老师进行良好的互动。这三类分层不仅保护了学生的自尊心，还能帮助学生进行准确的自我定位，从而确定自身的体育学习目标，并在一定程度上能够带动学生学习的积极性。

3. 科学制定具有层次的体育教学目标

在分好学生的层次之后，体育教师应当根据不同层次学生的体育素养、兴趣爱好、学习能力制定差异性教学目标。这里所指的教学目标包括两类，一类是长期目标，另一类是短期目标。换言之，体育教师在分层教学中应当立足实际情况制定短期目标和长期目标。长期目标针对全班学生，即所有学生都要达到的目标，为学生的学习提供明确的方向。而短期目标则进行区别对待，有所差异。一般来说，对于下层学生，教师制定的教学目标应适当下调难度系数，以基础性目标为主；对于上层学生，教师在制定教学目标时应当适当提高难度，以拓展性、提高性目标为主；而对中层学生，教师制定的教学目标应介于这两者之间。另一方面，体育教师在制定教学目标的时候应保证目标的针对性，遵循递进原则，确保制定的教学目标具有较强的执行力和可操作性，只有这样才能充分发挥分层教学的优势和价值。例如在男子 1000 m 跑步项目中，教师可以设置三个不同层次的目标：对于下层学生，教师要求学生 4 min 30 s 跑完；对于中层学生，教师要求学生 4 min 10 s 跑完；对于上层学生，教师要求学生 3 min 50 s 跑完。这样的教学目标对于各个层次的学生来说，既不太难，也不简单，能够充分调动学生的能动性和主体性，激发学生的锻炼热情。

4. 倡导多样化的教学模式

体育课堂与传统的文理学科不同，授课的方式相对灵活、空间更加开阔，有利于老师采用各种不同的方式进行教学。老师也可以采用一些新颖的方式增强学生对体育活动的兴趣，比如举办一些别出心裁的趣味运动会，包含"两人三足"等趣味项目，既可以锻炼学生的体魄，又可以增强师生间的关系，激发大学生的体育积极性。

多样化的教学模式还可以在很大程度上吸引大学生的注意，大学生本身就是一个充满活力和好奇心的团体，只有提升了他们的参与度，才能引发他们自身的思考，激发他们用更多的精力和思考在体育上。多样化的教学模式也会开阔学生的视野，将这种灵活的模式迁移到人生的其他领域，在以后的生活中更加积极灵活地处理事情。

5. 通过完善评价机制对学生分层评价

不同层次的学生之间存在差异性，起点不一样，需要达到的高度也不一样。在教学实践中，体育教师应当改变过去"一刀切"的评价方式，立足实际，制定差异性的评价策略。对于低层次、中层次和高层次的学生，教师应分别制定低水平、中水平和高水平的标准。以前文中男子 1000 m 跑步项目教学为例，对于下层学生，学生 4 min 30 s 跑完为及格，中层学生 4 min 10 s 跑完为及格，上层学生 3 min 50 s 跑完为及格。此外，在实施评价的过程中，教师要采取终结性评价与过程性评价相结合的策略，既要看学生的最终成绩，还要综合考虑学生的进步情况、体育情感、学习态度等，对下层学生要以激励为主，对于上层学生则提出高要求，从而营造出你追我赶的良好学习氛围。

五、例谈分层教学在高校体育教学中的应用

（一）分层教学法在毽球教学中的应用

1. 分层教学在高校毽球教学中应用的原则

（1）因材施教

因为每个大学生所处环境不一样，他们的身体素质、学习水平和领悟能力也存在较大差异，所以在大学毽球教学过程中，学生的毽球水平也有高有低。体育教师必须充分认识到学生之间的差异，实行差异化教学方法，真正做到因材施教。

（2）循序渐进原则

大学体育毽球专项课在运用分层教学模式时，分层的标准应向学生公开，客观地考虑到班级内学生的实际感受，同时以发展的眼光看待每一位学生。在实际的毽球学习过程中，每一位学生的接受能力是不同的，所以制定分层教学目标及层次也应处于动态变化。毽球教师应根据学生的动态发展，及时调整分层教学计划、目标，同时加大个体辅导的力度，让低层次的学生能够获得更多的支持与鼓励，使其尽快跟上队伍；也可以让部分学生脱颖而出，增强他们学习的信心；还可以实行帮扶政策，让高层次的学生帮助低水平的学生共同进步。总之，大学体育毽球教师需要根据学生的发展动态实时进行调节，循序渐进地对学生进行教育。

（3）层次性原则

大学毽球教师应充分了解全体学生的发展状况，如身体素质、运动技能、兴趣爱好等，确保教学内容、教学目标、测评方法、训练方式具有层次性，逐渐让学生掌握毽球运动技能，进而通过自身的不断努力实现层次突破，最终实现课堂教学目标。例如在实际练习中，对于初次接触毽球的学生，可以固定一、两个优势动作，从而保证动作的准确性，尽快提高连续颠球的能力；而对于基础较好、水平较高的学生，可以要求学生两脚交替颠球、多部位或多花样颠球。

（4）反馈性原则

大学体育毽球专项课无论使用哪种分层形式，都必须要时刻保护学生的学习自信心，尊重每一位学生的发展需求。同时需要加强教学反馈效果，让教师能够及时了解学生内心的想法及发展需求，对于基础能力较差的学生应多给予鼓励，对他们每节课的进步要给予肯定，激励他们积极学习。其次，需要通过反馈准确评估每一位学生毽球技能的掌握情况，这样便于教师对后续教学进行及时的调整，进而确保分层教学的合理性。

2. 分层教学在高校毽球教学中应用的策略

（1）科学合理地进行分层

大学体育毽球专项课应用分层教学模式前，教师可以先对学生进行毽球基本技术测试，根据学生的实际测试表现，综合考虑后再进行分层，通常情况下为基础组与提高组。基础组的学生在运动能力、身体素质及毽球基本功方面表现一般或较差，需要加强基本功练习；提高组则具有一定的毽球基础、良好的身体素质，在测试过程中能够表现出较强的接受能力，同时根据教师的提示进行快速调整。

分组注意事项：在进行分组之前，必须要通过宣传让全体学生认识到分层教学模式的价值与意义，避免因分层而导致学生出现负面心理情绪，进而影响到毽球训练的积极性。其次，大学毽球教师需要积极了解学生内心的想法，认真倾听学生对分层的意见，若学生对分层有异则可以尊重学生的选择，通过对学生的想法及时调整毽球教学训练内容及计划，做到实时动态管理，让基础组的学生能够通过努力提高毽球水平，让提高组的学生能够在更加激烈的训练中实现自我提升，进而避免出现学生积极性下降的现象。

（2）教学目标分层

大学体育教育的理念在于让每一位学生都可以在体育锻炼中感受到快乐，让学生能够通过自身的努力不断突破自我，进而获得进一步的发展。大学体育毽球专项课分层教学目标的设计应从学生的实际运动能力出发，遵循最近发展区理论，给予学生适当的发展空间，让学生能够通过努力实现，进而体会到成功的喜悦。对于提高组的学生而言，应要求其在熟练掌握毽球基本技能的基础上，提高毽球比赛对抗能力；对于基础组的学生而言，应将重点放在毽球基本技能的掌握上，及时调整训练心态，进而始终保持积极的态度参与到毽球训练之中。除此之外，当各个组的学生完成教学目标后，应及时对目标进行调整，同时对全体学生提出新的学习要求。教学目标及学习目标设置的具体要求如下。

①教学目标具体要求为以下三种。

基础组的初级教学目标：全体学生能够掌握基础的毽球技术动作。

基础组的中级教学目标：大部分的学生能够尝试挑战复杂毽球技术动作。

提高组的发展教学目标：可以熟练掌握较为复杂的毽球技术动作，如大腿、脚背、脚侧交替颠球，同时可以适当将此技术运用到毽球实战比赛中。

②学习目标具体要求为以下两种。

基础组的学习目标：熟练掌握各种形式的颠球及发球动作。

提高组的学习目标：可以熟练掌握较为复杂的颠球动作及发球动作，可以在毽球实战比赛中有效运用。

通过各种层次的教学及学习目标的设置，学生能够清楚地认识到学习的过程，进而会朝着目标更加努力地前行，最终能够熟练掌握毽球基本技能。

（3）针对不同层次的教学目标，运用不同的教学方法

大学体育毽球专项课应用分层教学模式时，教师需要根据不同层次的目标运用不同的教学方法，不可一概而论，否则将无法有效促进全体学生共同发展。例如教学"左右脚颠球"时，对于基础组的学生可以运用循序渐进的教学方法，先通过毽球球感练习，让学生能够初步了解毽球的基本技术动作；教师进行讲解示范，让学生练习左右单脚颠球动作；然后让学生集体进行原地练习，减少失误次数；等学生熟练左右脚颠球后，再让他们进行左右换脚颠球练习；组织基础组学生进行比赛，如连续颠球次数或一分钟颠球总个数等，让学生体验到毽球学习的快乐。对于已经具有一定左右脚颠球基础的学生而言，则可以提高练习难度，进行针对性的教学：教师先讲解示范左右脚颠球的基本动作，引导学生进行相互纠正；学生通过反复练习，提高左右脚颠球次数；两人一组进行对抗赛，获胜小组将获得小奖励；学生进行换脚颠球练习，熟练掌握换脚颠球技巧，规范左右脚颠球动作。通过上述的例子可以看出，针对不同层次的学生，应根据教学目标及时调整教学方法，让学生能够在符合自身发展需求下，真正掌握左右脚颠球的基础技术动作，让各组学生充分挖掘潜能，提高训练效果。

（二）分层教学法在篮球教学中的应用

1.分层教学法在高校篮球教学中的作用

（1）分层教学法有助于激发学生对篮球运动的兴趣

效用作为经济学中一个常见的名词，主要是人们消费某件商品后获得的满足感。在大学篮球教学过程中，如果各水平等级学生"消费"篮球课堂后，都能够追求与自身情况相符的水平，这与"跳一跳原理"式的教学效果非常类似，从而获得较高的效用。如此一来大学生在信心形成上将产生外部正效应，不仅信心得到增强，对篮球学习的兴趣也更浓厚，有利于学生快速掌握运球、控球、区域联防、快攻和回防等篮球运动技能。

（2）分层教学法充分满足了学生差异化需求

若是在篮球基础知识、能力等方面不一样，在大学篮球教学期望、上课动机等方面也存在差异。对大学生来说，他们的身体素质、个人体能、反应能力、技术动作和攻防战略等处于不一样的水平，因此在学习目标上也不同，部分学生希望了解篮球理论基础知识，掌握三步投篮、打篮球的规则，或者是学习运球、控球、传球、回防等技术。也有的学生希望在此基础上进一步提升自己，掌握区域联防、

快攻等技术。将层次教学法应用到大学篮球教学过程中，能够让各层级技术水平的学生都能有针对性地进行训练，并从中获得更多的成就感。

（3）分层教学法有助于提升篮球学习效率

对分层教学法而言，其注重对学生的因材施教，采取分类编组与分类指导的方法，实现分类提高的目的，为大学生个性发展打牢了基础。教师采取分层教学模式时，对具备一定篮球水平的学生来说，可以防止他们在完成课堂训练后无所事事，也为篮球基础较差的学生提供了追赶的机会，从而让每个学生都能获得提升，推动大学体育教学活动的顺利开展。此外，分层教学的实施，将提升大学篮球教学效率，教师结合授课内容，为各层次学生制定相应的教学目标，保证他们篮球训练的合理性，确保每个学生在参与篮球活动时感受到快乐。分层教学法的应用将改善师生关系，提升篮球学习训练的效率。分层教学主要结合学生的实际兴趣、能力、爱好及特长等情况，让学生能够在自身水平与能力范围内开展篮球练习活动，保证了篮球教学的有效性。

2. 分层教学法在高校篮球教学中应用的原则

（1）因材施教原则

在大学体育篮球专项课教学开展之前，教师应全面深入了解每一位学生，坚持全面可持续发展理念，科学客观地分析学生之间所存在的个体差异及其他动态变化因素，确保分层教学模式能够更加具有针对性，进而引导全体学生朝着更高的层次发展。在实际教学过程中既需要照顾大部分学生，同时也需要满足个别学生实际发展需求，通过积极的措施让每一位学生都可以拥有篮球运动特长。分层教学模式要求设置能让各个层次的学生通过努力就可以实现的目标，进而确保每一位学生都可以得到进步。

（2）全面性

大学篮球教学中采取分层教学法，需要教师尊重学生的主体地位，制订合理的篮球教学计划，不断对篮球教学内容进行优化。教师要结合各层次学生的特点，确保在篮球教学目标与方案上也体现出差异性，为每个学生的进步与发展打牢基础。

（3）动态性

教师在组织大学篮球教学活动时，应该及时掌握学生学习的状态与效果，从学生各阶段表现情况出发，有针对性地改进教学方法与策略。这样能够让篮球教学内容更加丰富与多元化，防止学生在心理上产生抵触与厌烦的情绪，促使大学篮球教学质量与效率实现提升。

（4）激励性

随着分层教学法在大学篮球教学中的实施，教师还要发挥激励措施的作用，针对学生在篮球训练中的良好表现，教师先作出客观、公正的评价，及时给予学生肯定与鼓励，发挥出激励的作用。由于部分学生篮球基础薄弱、学习能力不强，教师不能一味地打击他们，应该采取经常性鼓励的方法，让学生重拾信心，在教师的指导下逐步投入篮球训练中。

3. 分层教学法在高校篮球教学中的应用实践

（1）教学目标分层，提升篮球教学的针对性

分析大学篮球教学现状可知，很多体育教师会严格按照教学大纲的精神开展篮球教学活动，让每个学生都接触一样的学习内容，训练方式上也相同，难以取得较好的效果。对此教师应该充分认识到分层教学法的作用，从学生实际篮球基础与身体素质出发，结合学生细分情况制订教学计划，明确教学目标与内容，为篮球课堂上分层教学的实施创造有利条件。

具体来说，教师先测试学生的体能与篮球技能，对每个学生的基本水平有一个大致的了解。学生在篮球学习过程中，容易出现翻腕、两次运球和走步等情况，这些动作可以将学生篮球水平反映出来，教师应结合测评结果对学生进行合理分层。教师可以将学生分为甲、乙、丙等层次，对其中丙层次学生而言，只需要了解篮球基本概念与要领即可，并能够做一些篮球基本动作；乙层次学生需要在完成教学目标后，在篮球技术上进一步提升，如防守条件下可以体前变向运球与换手运球等；甲层次学生则要牢固掌握各项篮球技术，包括提前变向运动、胯下交叉运球等，还要具备丰富的实践经验。教师通过采取分层教学方法，可以保证教学大纲与内容设计的有效性，将学生划分为多个层次，让学生可以在适当的方法下完成篮球练习。

（2）教学内容分层，提升篮球教学的有效性

大学体育教师对篮球教学计划与学生进行分层以后，也要在课堂教学中进行分层，保证教学内容更加多元化，能够顺利达成大学篮球教学目标。在分层教学模式下，体育教师将获得更多的自由空间，从学生细分情况确定相应的教学目标与内容，保证篮球教学效果实现提升。如甲层次学生需要逐步提高篮球训练难度，而乙层次学生则适当降低篮球训练难度，主要采取分散难点的方式进行梯次学习，让所有学生的获得感都得到提升。随着分层教学模式的实施，教师需要了解课堂动态进度，对学生时间分配、练习进程上进行分层设计。丙层次学生由于篮球基础薄弱、身体素质欠佳，教师需要给予更多的关心与帮助，注重调动他们学习篮

球的积极性，并在教师的指导下参与篮球基础动作练习；对乙层次学生来说，教师需要为他们深入讲解篮球运动策略与技能，确保这部分学生掌握更多的篮球实践技能；而甲层次学生则需要获得更多学习自主性，采取自主训练或举办比赛活动，帮助这部分学生提升实战能力。这样每个学生获得的指导都是有针对性的，从整体上提升了大学篮球教学效果。

（3）教学方法分层，提升篮球教学的科学性

在大学篮球教学过程中，教师应该结合甲、乙、丙三个层次学生的特点，灵活运用多种教学方法，激发每个学生参与篮球训练的兴趣，真正体现因材施教的理念。由于丙层次学生基础非常弱，在课堂上教师需要采取分解示范动作的方式，及时给予学生引导与鼓励，确保这部分学生可以逐步掌握篮球基础动作，也增强了他们体育运动的信心；乙层次学生具备一定的篮球基础，教师要选择强化训练的方法，在循序渐进中促使学生篮球技能得到巩固与提升，同时教师还要选择组合训练的方法，帮助乙层次学生在篮球技术动作上真正做到融会贯通；对甲层次学生来说，教师应该选择"刚柔并济"的教学模式，不仅要帮助这部分学生提升篮球技术水平，还要帮助他们纠正篮球训练中出现的错误，在教师的正确指导下让学生个人技术能力实现提升，在篮球比赛过程中，教师也要指导他们积极与队友配合，实现甲层次学生篮球综合能力的提升。

（4）教学评价分层，提升篮球教学的高效性

大学体育教师完成对学生、教学进程等分层归类与设计后，也要摒弃以往"一刀切"的教学评价方法，否则将影响到学生参与篮球训练的主动性，也不利于篮球教学目标的实现。对此教师要在教学评价环节采取分层的方法，对评价方法、指标等作出明确区分，让评价功能更显多元化。在大学篮球教学中，学生大多数处于乙、丙两个层次，教师对他们进行教学评价的过程中，应该坚持以评价促提升的原则，注意保护学生学习篮球运动的兴趣与积极性，通过正确的引导让学生全身心参与到篮球运动中，不仅能提高其篮球运动技能，也能让其真正感受到篮球的魅力；而甲层次学生虽然人数较少，但是也要求教师提高重视程度，通过合理的教学评价，为学生进行科学的规划，促使这部分学生篮球运动水平不断提升，掌握更多的篮球技能，在巩固与提升的过程中，让甲层次学生由"打野球"逐步向打专业篮球发展。在评价方法方面，教师要为丙层次学生赋予更大的自评比重，避免学生丧失篮球训练的激情；乙层次学生则赋予其更多小组评价的比重，营造良好的竞争氛围，促使学生竞争意识逐步增强；甲层次学生则以教师评价为主，为学生提供更加专业化的发展评价，为学生运动能力的专业性提升打牢基础。

（三）分层教学法在高校田径教学中的应用

1. 高校田径教学运用分层教学法的目的和要求

分层教学法是把学生分成不同的群体进行教学，作为新潮流教学方式其目的是为了进一步提高课堂效率、提升管理水平、提高学生学习能力，从而促进教育事业的发展，这就要求高校田径课堂在将学生进行分层时要充分进行调查研究，搞清楚每一位学生的身体状况和心理诉求，将每一位学生准确分层。在制订相应的学习方案时找准发展点和发展要求，监督促进每一位学生的学习锻炼，兼顾全局促进全面发展。后期要根据学生学习状况，时刻关注学生心理状态实行再次分组。这对于教师来说是很大的挑战，一位教师很显然完成不了这么多工作，所以高校必须为教师团队至少配齐 3~5 名教师，以方便教师分配工作和实施管理。

2. 高校田径课堂分层教学法的具体实施方案

在初次分层时可以分成两步来实施。首先，可以做一份调查问卷，写上各类田径运动让学生进行运动意向筛选，卷末可以提问学生关于参与体育田径课堂的态度，搞清楚学生的心理需求。其次，可以组织一场长跑运动和一场跳远比赛，长跑不设具体长度让学生同时起跑自行记录跑步的圈数，如果身体感觉达到强度可以自行停止跑步，在这个过程中老师要做好观察，对成绩做好记录，明确学生的心肺功能能达到什么强度；跳远比赛中，老师尽量鼓励每一位学生达到身体极限跳到最远，意在弄清楚学生的肌肉爆发力水平，然后根据数据所记录的情况进行准确分层，大致可分为三组，即提升组、潜力组、发展组。提升组是身体条件较差，运动意识较低的学生，针对这些学生可以安排 1200 米匀速跑、有氧运动操等强度较低的体育运动，还可以定期给他们普及运动知识和运动健康概念；潜力组是身体条件中等且运动意识较高的学生，可以进行 2000 米有氧跑和跳远、跳高训练，偶尔组织一场小比赛促进学生学习激情；发展组是给身体素质好、运动能力强，且认为生活离不开运动的这部分学生建立的，对于这部分学生可以做一些400 米冲刺跑，还可以加上一些力量训练，达到进一步提高的目的。在实施的过程中老师起到督促作用，给各组设立一个目标，达到的同学有奖励，没达到的同学要适当惩罚，并且根据训练后水平实时调整分层方案。以上方案可以根据实际情况及时调整。

第三节 俱乐部教学模式在高校体育教学中的应用

一、俱乐部教学模式概述

（一）俱乐部的产生和概念

最早的体育俱乐部产生于 17—18 世纪，1608 年出现的英国高尔夫球俱乐部就是其中之一。体育俱乐部是一群运动员和体育爱好者组成的以进行体育运动为目的的公共或私人组织。体育俱乐部分为业余体育俱乐部和职业体育俱乐部。在业余体育俱乐部中，组织成员一起进行体育运动，没有报酬，主要由家人和朋友观看；大型职业体育俱乐部一般为商业性质，拥有职业运动员，通常定期组织与其他俱乐部比赛，吸引尽可能多的观众付费观看，通过门票、电视转播、广告、相关产品的销售和服务获得经济利益。

（二）俱乐部教学模式的研究背景和意义

1. 研究背景

随着我国综合国力的不断提升，素质教育也在同步推进，全面开展素质教育，就必须将德、智、体、美、劳融入教学的每一项环节之中。学校在开展教学的过程中，不仅要注意学生的智力发展，还要促进学生在体育、美术、劳动实践等方面的相互作用，让学生真正做到各方面素质全面发展。开展体育俱乐部等形式是建立在不断改革的体育环境基础上的，符合现代化的教学理念和方法，现如今，是国内各大高等院校体育教学的重要特征。这种新的教学方法完全突破了传统教学模式，着重突出了学生的自主性，满足了不同阶段学生、不同身体素质学生的内心需求。我国一些高等院校已经采用了这种新型的教学方法，并且已取得了初步成效。

高等院校开展的这种新型的俱乐部式教学方法，为学生的体育课程开展提供了更加深入的管理策略，让学生的课堂教学内容与课外的体育活动相结合，让教、学、练三者有机融合，并不断向新的高度飞跃。体育俱乐部教学模式彰显了大学体育作为学生最后一堂体育课的教学目标，全面贯彻实施我国提出的终身体育的运动目标，真正做到以人为本，促使现在的体育课程建立在学生的内心需求基础上，使体育课程开展的最终目标更加准确。开展俱乐部的中心思想，就是要培育青年人的体育精神和终身锻炼的习惯，用多元化的方法满足了在校学生由于不同身体素质所产生的不同需求。不仅如此，还有效推进了在校大学生的个性需求、新环境下体育事业的发展、培育综合型体育专业人士。

2. 研究意义

自我国步入 21 世纪以来，我国的教育制度已经发生了根本性的转变，从传统的应试教育，转变为现在的素质教育，国家有关部门也发布了许多有关体育课程改革的具体措施，提升了体育课程在学科中的地位。随着体育课程不断深化改革，国内的部分高等院校也开始参与其中，体育俱乐部模式受到的关注度越来越高。随着体育课程的深化改革和国内一些高等教育机构的参与，体育俱乐部的模式越来越被接受。如今，在采用了新的体育课程模式的学校中，教师的辅助作用得到了进一步加强，学生的积极性得到了提高。此外，俱乐部的发展在校园创建体育文化方面发挥着非常重要的作用。

高校在开展俱乐部活动时，将学生的个性作为主要考虑因素，在学生内心需求的基础上创建课程要求，自由选取时间展开体育教学活动，充分照顾了学生的需求，确保所有学生都能够参加到体育锻炼中，提高了体育设施的利用率，同时提高了学生的参与度和出勤率。与此同时，高等院校开展的俱乐部更加关注全民健身和终身体育运动，对学生养成自主运动的习惯起到了重要的作用，让学生通过体育课程养成锻炼的好习惯、具备更多的体育技能，离开校园步入社会后也能每天运动，为我国体育事业的发展和公民身体素质的提升带来强而有力的保障。现阶段，大部分的普通本科院校采取的还是传统的授课模式，大部分高校在开展体育课程时，还是建立在选项课的基础上。但是由于可供选择的时候项目较少，使学生的积极性大大降低，这便体现了构建大学新模式体育课程的必要性。

（三）高校体育俱乐部的特征分析

1. 专项性

专项性是指高校体育俱乐部按运动项目分类，成立单项体育俱乐部。学生自主选择项目、时间及教师，在运动项目中不仅包括篮球、足球、排球、羽毛球、田径、健美操、武术、网球等传统项目，有条件的学校还开设了攀岩、高尔夫、赛艇、皮划艇、自行车等新兴项目。在教师和上课时间上也有丰富的选择，学生可以根据自己的喜好和计划选择教师和上课时间，促进学生掌握 1~2 项运动技能。

2. 运动量大

具有较大运动量是高校体育俱乐部的特性之一，通过体育课堂教学和课外体育活动的组织形式，让体育课回归其强身健体的功能，使学生在体育俱乐部中不仅能够掌握运动技能，还能在磨炼运动技能的过程中提高身体素质，达到健身的目的。

3. 自主性

自主性是指高校体育俱乐部中学生自主选择项目、时间及教师，包括学生自主安排上课与训练的时间、自主把握运动技能学习情况、自主与同俱乐部的成员进行交流沟通。在进行体育锻炼的过程中能够和俱乐部成员交流沟通形成良好的人际关系，互相促进体育运动锻炼，进而提高俱乐部团队训练的主动性。

4. 分层性

分层性是指高校体育俱乐部注重按运动技能水平对学生进行分层教学，提高教学效率。高校体育俱乐部充分考虑不同运动技能水平的学生，对于运动技能水平较低的学生，应该注重培养基本的运动技能，同时加以巩固、提高；对于运动技能水平较高的学生，应该注重提升他们的实战能力，多组织运动竞赛，将运动技能运用到竞赛中。

5. 课内外结合

课内外一体化的特性是指高校体育俱乐部将体育课拓展到课外体育活动，课程化改造课外体育活动，将无序的课外体育活动改造为有序的训练与竞赛。学生在课外体育活动中有专业的教师组织与指导，指导学生科学地进行体育训练，促进学生达到更高的运动水平，更好地开展面向人人的课外体育活动，丰富学生课外活动，有利于高校建立良好的校园体育文化。

二、俱乐部模式在高校体育教学中的应用分析

（一）高校体育俱乐部教学模式的可行性

体育俱乐部教学模式是时代发展的必然趋势，在完全学分制下具有极强的可行性。从对传统考核模式的总结发现，只有强调以学生为中心才是教学改革的根本。反观目前教师占据教学主导的教学模式，缺乏对学生兴趣的考究，即使教师投入再多学生不买单亦是徒劳。目前我国高校的体育场馆、设备都在不断健全，高学历且具备专业带队业务能力的教师与日俱增，为体育俱乐部教学模式的实施提供了基础和条件。鉴于大学生体育技能参差不齐的客观事实，将兴趣爱好一致的学生组织到一起练习，有助于学生之间的交流、互动和帮助。此外，体育俱乐部教学模式的变革中，能够打造完全民主平等的相处模式，充分适应学分制的培养要求，形成良性的师生关系。当然俱乐部制教学的影响因素亦不容忽视，受高校教学大纲和教学评价的制约，在现有选课制度下，师生之间相互监督，课程安排与师资分配活动有序开展，俱乐部"会员制"管理合理化发展，共同促进高校教学质量。此外学生具有自主选择课程的权利，在去"娱乐化"、去"竞技化"的影响下，

帮助教师完成考核评定，活动经费与活动场所有所保障，增加体育活动的趣味性，有助于体育俱乐部教学模式的可持续开展。

（二）高校体育俱乐部教学模式的必要性

1. 增强大学生体质的迫切需要

根据教育部的《全国普通高等学校体育课程教学指导纲要》，在 2007 年，深入开展了"阳光体育活动"，鼓励学生从教室中走出来，到阳光下做运动，以期使多数学生能够每天锻炼 1 小时，具备至少两种体育技能的目标，希望可以通过这种方法培养青年一代的锻炼习惯，提升身体素质水平。2014 年，为了扭转当前大学生体质不断下降的局势，我国又推出了《高等学校体育工作基本标准》，对当前大学生提出进一步的要求，然而收效甚微[①]。作为国家未来的接班人，大学生的身体健康情况与我国未来发展态势息息相关，提升大学生体质已成为当前状况下的迫切需要。

2. 以人为本的现代教育理念要求

以前的教学模式，大多沿用固定的教学内容和计划，学生的上课内容都是由学校决定的。这也就导致了部分学生对自己所学项目的兴趣不足而丧失了学习动力。久而久之，学生会对体育课产生抗拒心理，身体健康状况也会因缺乏锻炼而下降。而在改革后的俱乐部模式中，以学生为中心，不仅由学生来决定教学内容，就连上课的时间、授课的老师等也由学生选择，让学生完完全全掌握自己的课堂。这两种教学模式在根源和出发点上就有着本质的不同，传统的教育模式决定权都在学校，学生没有自主选择权，教学内容、教学时间和教学老师等都是学校安排好的；而在俱乐部的教学模式中，学生上课的灵活度增强了很多，这种教学模式大大地提升了学生对体育活动的兴趣，在运动过程中更有参与感，不仅可以满足广大学生的不同需求，更可以调动学生的运动积极性。体育俱乐部以创建多层次、多样化的新教育形式为宗旨，鼓励学生发挥自己的优点长处，充分实现自我价值。不仅如此，由于教育模式的自由性，很多学生可以在这里认识到与自己有着相同兴趣爱好的人，它为学生提供了一个良好的交流平台，在增强体育锻炼的同时，还可以进行人际关系的沟通，增进同学们之间的感情，这对于学生体育兴趣和技能的培养是十分有利的。

3. 大学体育改革的迫切需要

由于当前形势的影响，大学体育改革道路并不顺畅。前方还有很多阻碍和挑战，

① 傅振磊，莫少强. 我国大学体育俱乐部教学模式的回顾、反思与出路 [J]. 广西社会科学，2018（2）：204-208.

但是体育教育形式的改革刻不容缓。传统的教学模式太过单一、乏味，没有创新、过于死板，无法为学生提供真正切实可行、具有帮助意义的教学内容。在这种教育模式下，学生无法领悟到更为深刻的文化内涵，体育技能和潜力也同样无法得到最大限度的发挥，这对于学生的健康发展是极为不利的。

（三）高校体育俱乐部教学模式需遵循的原则

第一，始终贯彻以学生为本。高校体育俱乐部的核心要务是培养学生的体育专业能力，培养可以输送社会的人才。故而在俱乐部的日常运行里，学生的感受和反馈最为重要，也是切入点。高校体育俱乐部要以个体为出发点了解学生的需求和心声，着重掌握学生的心理诉求，借此激发学生对体育的热情，使学生心甘情愿、自发自动地参与到俱乐部的种种活动中，从而推动俱乐部实现稳步高效的发展。

第二，以学生心理发展诉求为第一考虑的设计原则。高校体育俱乐部需要以学生的身心健康为抓手，在不同的活动过程中，时刻关注学生生理、心理及情感容纳力的差异，将帮助学生健康有序多方面发展作为指向，给予不同的学生针对性强的个人分析，逐个按照运动目标、运动量及程度推进设定，以防止学生在活动时发生本可避免的损伤，也可以侧重培养学生的天赋和能力。

第三，人身安全为第一要务。高校体育俱乐部发展模式要求对涵盖的器械和运动项目进行严格筛选，尤其是违背"安全第一原则"的设施和活动内容，均需进行多次严防死守的排查工作，并且都要采取必需的保护手段，避免学生因器械损坏或失手掉落导致人为事故，切实做到安全第一。在设计活动项目时也需要以"安全第一原则"为基础考量，提前预防学生在项目活动中因意外而受伤。

（四）高校体育俱乐部教学模式的特征

1. 业余性

高校体育俱乐部本身具有业余性的特征。高校体育俱乐部不同于社会性质的体育俱乐部，高校体育俱乐部的主要会员均是本校的学生，他们利用课余时间参加体育俱乐部的活动或者比赛。相对于社会竞技体育，高校体育俱乐部的学生大多基于相同的体育爱好，目的在于锻炼体魄，出发点来源于对体育活动的热爱。因此，整个高校体育俱乐部本身具有业余性的特征，在管理阶段并非像专业的竞技体育一样，存在完整的管理组织架构和经济、竞技目标。

2. 差异性

高校体育俱乐部模式本身具备多样性的特征。这一点可以从项目选择、教授方案、组织形式、活动内容等方面加以体现，而高校学生正是集聚了不同水准和认识及不同兴趣方向的一个大群体，正符合此类模式的涵盖人群特质。针对学生的不同诉求，学校可以设立譬如篮球、足球、游泳、乒乓球等方面的内容，除了完成日常教学内容、达成教学任务，也可有针对性地开设健身指导、裁判培训、卫生保健等项目。组织方式可以是团队合作，也可以突出个人能力，还可以以系列套餐的方式进行个人与团体的交叉组合，而活动内容的可选择性更为丰富宽阔、灵活多变。

3. 民主性

高校体育俱乐部模式本身具备民主性的特征。高校体育俱乐部对所有学生保持无差别开放，只要认可并且能够遵守体育俱乐部的规章制度，所有人不受年级、性别、民族、专业等方面限制，均可加入。为了充分保障高校体育俱乐部的民主性和会员的民主权，俱乐部的管理层均由全体会员选举产生，俱乐部管理层与会员之间属于平等互助关系。是否参加体育俱乐部，学生有着完全自主权，在没有任何外界压力的影响和不必要因素的干扰下，任意选择体育项目、时间及周期，包括是否在俱乐部任职都遵从自愿原则。

（五）高校体育俱乐部课程特有的教学指导思想

1. 学中练习，练中比赛

传统高校体育教学中，"健康第一"的教学指导思想贯穿始终，课程的开展围绕中西思想，缺少教学动态过程中的变化性和针对性，显得刻板、固化。而体育俱乐部课程教学更加多元化，体现在教学指导思想、教学手段和教学评价等方面。高校体育俱乐部教学会根据学生主体在学习技能的不同阶段提出不同的教学指导思想，帮助学生把握学习方向、领会学习技能学习要点。"学中练习，练中比赛"的教学指导思想目标明确，课堂教学实施简单有效，对于体育俱乐部课程教学而言，其关键是学生体育技能的习得。学生在课堂上学习运动技能理论知识，通过教师示范学生模仿，反复练习掌握动作技能，并通过比赛来检验学习效果。学生在学习技能、练习技能和掌握技能的过程中，通过自身的练习和课堂、课后比赛来巩固技能并获得比赛的成就感。

2. 学习技能，应用技能

传统高校体育课程教学过程中，一般要求学生主体学会一项技能，通过技能，增强体质、增进健康就是目标，对于技能习得后的干预和要求较少，主要停留在简单的技能考核上。而体育俱乐部课程学习通过"学习技能，应用技能"的教学指导思想，使体育俱乐部课程学习运动技能更加具体和有效。教学过程中，明确学生学习技能的原因，结合实际生活，将运动技能运用其中。例如太极课程可以运用到养生健康中、瑜伽正骨课程可以运用到医疗保健中。所以，开设高校俱乐部课程要通过指导思想明确教学目标和内容，通过体育俱乐部课程的学习训练，学生能够掌握至少一项运动技能，并有效地将运动技能运用到实际生活中。

3. 增强体质，快乐学习

"增强体质，快乐学习"，始终是学校体育课程教学的指导思想和目标，其中包含的内容和内涵是非常丰富的，体现在教学全过程。传统高校体育课程教学主要技能考核，忽略了学生参与运动的体验感。而高校体育俱乐部课程教学将增进学生健康贯穿于课程实施的全过程，同时关注学生参与体育运动的体验感。学生主体的健康包含两方面内容，即身体和心理的健康。要明确参与体育活动不仅是要学会运动技能，关键是通过体育运动舒缓情绪，体验快乐。现在高校学生心理问题突出，学生逃避自身心理问题，拒绝学校提供的心理辅导和相关治疗。体育运动作为疏导情绪的有效手段之一，应该应用于学生心理健康干预中，作为教师在课堂上应关心学生的心理状态，鼓励学生进行技能学习和运动参与，将不良情绪通过体育运动进行疏导。高校体育俱乐部课程形式多样，学生可以根据自身的身体条件和兴趣爱好，选择适合自身的运动项目进行锻炼，从而愉悦身心、促进健康，使学生快乐地、系统地学习运动的知识、技能和方法，形成运动习惯。

三、高校体育俱乐部教学模式的价值和意义

（一）提高学生的兴趣

在传统的体育教学模式当中，学生与教师之间的关系并不平等，所以很多学生都会感到实际的体育课比较枯燥，这样一来就大大降低了学生对体育课的兴趣。所以教师应该结合实际情况，选择合适的教学模式提高学生学习的兴趣，这样一来学生就有可能从被动学习转化为主动学习，也能有效地提高学生的课堂效率。如果教师在体育教学当中使用俱乐部教学模式就能有效地实现此种教学效果，充分提高学生学习的积极性，并进一步促进学生的发展。

（二）将学生作为课堂主体

当前俱乐部体育教学模式的最大优点就是有效地实现了学生课堂主体的作用。因为在传统的教学课堂当中教师是课堂的主体，如果教师没有较高的职业素养，就不能达到教学目的。所以教师应该结合学生实际情况，然后在俱乐部教学模式的基础上，进行相关的教学活动，这样一来学生就能成为课堂的主体。

（三）增强学生运动自主性

在高校教育当中，体育教学不仅是其中的结构组成，还是强化学生身体素质的必要途径。而通过实施体育俱乐部，一来极大地满足了学生的实际需求，在积极、科学的训练及活动课中，学生对于竞技运动项目会有一个全新的认识；二来参加俱乐部训练活动，将会促进学生更好地适应体能，使学生的热情更加高涨，改变之前不良的生活习惯，在教学计划、辅导、训练之下，学生体育锻炼自主性将会得到极大的提高。

（四）增强学生运动能力

高校体育俱乐部教学的实施，可以加深学生对体育课程的喜爱，加强"教"与"学"一体化建设，满足不同层次学生对课程的要求。结合俱乐部教学灵活多样的特点和拓展综合能力，针对学生感兴趣的技能，让学生主动选择相关课程。选取有效的课程教学方法，提升学生运动能力。

（五）促进学生心理健康

通过改革体育教学模式，合理设置体育课程，体育俱乐部教学模式充分满足了学生的身心需求、契合学生的认知导向，还能帮助学生释放情绪，在集体活动参与中进一步完善人格，培养学生的规则意识，在需求组织活动中强化竞争意识和荣誉感，有效提升学生学习的积极性，使体育教学更加灵活。及时更新体育教学内容，激发其内在的学习潜力，培养体育应用型人才，促进学生心理健康发展，有助于国家体育教育的进步。

四、高校体育俱乐部教学模式实施的困境

（一）高校体育俱乐部教学模式实施过程中的难点

1. 经济成本

在高校体育俱乐部教学模式的实施过程中，首先碰到的就是经济问题。由于这种新的教育模式的特殊性，需要更多的物质资源来进行教学。目前，大部分实践中的俱乐部的教育资金都来自学校支持或者是向学生收取小部分费用，以此来维持大学中俱乐部的正常运转。但是这样收集来的经费还是有限的，还不能完全达到俱乐部教学模式的标准。俗话说，"经济基础决定上层建筑"，资金投入的多少会直接影响大学俱乐部各种器材设施的质量和数量，从而间接影响了教学内容和学生的受益程度。如果我们不能保证运动器材的多样性，那么让学生自由选

择兴趣爱好也就只能成为口头上的空话。而且高校体育俱乐部教学模式的宗旨就是帮助学生发掘自身的运动潜力、帮助学生尝试多种运动，鼓励学生在运动中进行人际交往，提升个人沟通能力。这也就决定了这种俱乐部教学模式的内容不能仅仅局限于篮球、羽毛球等常见的运动，还应该加入类似攀岩、野外生存等扩展项目。除了需要在运动器材上投入大量资金，在对教学人员的培训、场地等方面也同样需要成本。如果经费短缺，那么就没有条件开设一些同学们喜爱的运动，更没有能力去对教学老师进行更深层次的培训。长此以往，俱乐部教学模式的发展将会与一开始的理念背道而驰。

2. 知识理论

目前，高校体育俱乐部教学模式中的知识理论基础相对较薄弱，这也是当前面临的一个严峻考验。由于没有经验，现在大部分大学俱乐部还只是国外俱乐部的复制版，仅仅模仿了表象，却没有完全领悟其中的精髓。部分高校的体育俱乐部只是在名字上与国际接轨，在内容上依然没有改变。部分学校也只是打着俱乐部的招牌吸引学生，然而在实际上课过程中才发现理想与现实的差距巨大。由于理论知识的缺乏，高校体育俱乐部只是在以一种"课外活动"的方式进行着，在内容上却没有过多的创新，这就使得学生的真实体验与传统教学模式相比并没有太多的不同。无法满足学生个性需要、无法使学生获得参与感、无法完全调动起学生的运动积极性等，这都是缺乏理论知识基础时会带来的反面效果。由此也可以看出，知识理论基础对高校体育俱乐部教学模式顺利实行的重要性。

3. 教学内容

"竞技性"和"娱乐性"是在实践高校体育俱乐部模式时的两种主要指导思想。然而当前状况下总是在教学过程中更加偏向"娱乐性"，而"竞技性"却被抛诸脑后。虽然在体育运动中，输赢并不是关键，但适当的竞技更可以增强学生的参与感，调动学生的运动积极性，能够有效地提升体质健康水平。近两年，由于将教学内容过度侧重在"娱乐"方面，所以走了很多弯路，大学生的身体素质没有得到显著提升。为了改变当前的这种现状，高校体育俱乐部的教学模式应该在此基础上寻找"娱乐"和"竞技"的平衡点，争取做到两者兼备。如果只重视"竞技"，学生的身体素质增强了，但是兴趣却不高，这对学生的身心健康发展同样是不利的。而如果继续延续现在重视"娱乐"的指导思想，那就不能保证学生真正得到充足的体育锻炼，身体素质也自然不会有太大的提升。希望能够在合理的教学方法下帮助学生激发出自身的运动潜力，同时更希望可以帮助学生个性化发展。所以教学内容的选择和侧重也是当前高校俱乐部教学模式需要考虑的一个重要问题。

4.管理体制

当前已经实行的各个体育俱乐部教学模式，整体上来看形式较为单一，并不利于往后的形式发展。许多学校的教学目标并不明确，通常都是一周安排一次体育课，时间十分有限，老师无法作出完全细致、精准的指导，学生也并未在活动中获得完全的参与感。在当前形势下，不仅仅是学生，就连部分老师和学校对体育课的重视程度都不够。并且部分学校在这方面作出的计划并不周详，部分大三、大四的学生已经不再上体育课。这就使得在教育过程中出现了不连续的现象，破坏了俱乐部模式的延续和发展，学生只能在大一、大二的时候在俱乐部中参加活动，到了大三、大四就没有机会再参与进来。这为同学们带来了十分不好的体验，并不利于俱乐部模式的未来发展。而且俱乐部内部的人员管理、层次划分等一系列的体制内问题，并没有一个完全统一的标准、管理形式较为混乱。这同样也是当前推行过程中所面临的一个亟须解决的问题。

5.考核评价

在高校体育俱乐部模式的实践中，所看到的最后一个问题就是有关于学生的考核评价。不应只注重俱乐部在教学过程中会出现的问题，在最后对学生的考核评价中也应该引起注意。在当前状况下主要使用的评测方法，还是沿用传统模式的体育测试法，这种方法主要是看重学生体质健康水平的改变。还有部分学校采用评价的方法，这主要是针对学生的学习态度和整体能力的培养方面作出客观的评价。考核方法虽然五花八门，看似谨慎，实则缺少统一的判别标准，成熟的考核体系也还未形成，这对于大学体育俱乐部模式的推广是极为不利的。

（二）高校体育俱乐部教学模式存在的问题

1.硬件设施不健全

大部分学校现有的设施与场地等基础条件相对于专业的俱乐部而言，仍缺乏专业性。此外课程类别差异对于场地的需求也很多样化，很多高校的体育俱乐部只能满足少数体育运动的训练和活动需求，且在管理过程中必要的保护设施和医疗设备尚不完善，间接增加了学生在运动中的危险性，也是致使俱乐部各项活动难以落地的原因之一。

2.师资力量薄弱

教师队伍的力量薄弱是阻碍高校体育俱乐部茁壮成长的最重要因素之一，具体表现为教师专业相对集中，无法满足高校体育俱乐部学生多样化的需求，许多教师本身以篮球、足球、排球、田径、乒乓球等热门专业为主，而其他项目专业人才相对不足。基于此，高校对于体育教学的规划发展应放宽眼界，不再执着于某几项热门专业，更应注意积极拓展推广多元化的项目教学。可由于专业的教师资源有限，这样的拓展很难顺利开展，致使高校体育俱乐部想要全面而迅速地成长成为空谈。

3. 管理理念落后

首先，传统的高校体育管理理念一味强调严格管制而忽略了人性化、科学化。管理过程中大多采用命令方式，不但不能让学生产生体育锻炼的热情，甚至容易引发抵触情绪及矛盾，故而无法与学生建立良性互动。其次，管理模式、方法过时，依然多数承袭了"管理、教练、学生"的固化模式。最后，单线向下的信息传递模式，无论层级还是命令都是从上到下的单线传递，无法及时得到学生群体自下而上的反馈，导致从班级到个人全部处于被动状态，对于学校安排的任务也只是机械、勉强地达成而已。

五、高校体育俱乐部教学模式的理论研究

（一）构建高校体育俱乐部教学模式的总体思路

1. 更新体育俱乐部教学理念

为了促进高校体育俱乐部的发展，高校必须在思想上高度重视，摒弃旧的教学理念。就我们而言，促进高等教育机构体育俱乐部的发展是非常及时和有用的。关键是高等教育机构的管理人员和主管当局是否高度重视高等教育机构的教育，以及国家和社会的领导人是否重视高等教育。有关教育部门和高等教育机构应共同努力，创造良好的物质条件、增加对体育活动的投资，确保学生在体育活动中有适当的空间。管理者的教育观念在与时俱进的同时，不仅会增加体育经费的投入，而且有利于高水平教师的引进和培养。

2. 建立高校体育俱乐部管理系统

为了构建高校体育俱乐部的教学模式，必须建立完善合理的运作体系，明确各部门的职责和义务，管理人员和教师的身份和任务要分开。同时，要继续加强学校体育设施建设，完善高校体育课程选课方法。适时引进专业管理人才，确保俱乐部教学模式的有效运作。

3. 建立单项俱乐部

许多类型的体育项目，不一定适合应用到高校体育教学中，针对高校体育教师的基本情况、教学条件与体育设施，高校可以适当地、有针对性地建立一些单项体育俱乐部，根据原有特色和地方特色开设一些项目，包括民族传统体育项目、

球类、健身健美等。球类俱乐部包括网球、羽毛球、排球、足球、篮球、乒乓球等俱乐部;民族传统特色俱乐部包括空竹、龙舟、舞龙、舞狮等俱乐部;健身俱乐部包括散打、空手道、柔道、跆拳道、女子防身术等俱乐部;健美俱乐部包括健美操、啦啦操、体育舞蹈、瑜伽等俱乐部。要建立体育俱乐部,必须构建网络俱乐部,即建立高校课程选课的专业网站,使学生可以独立选择课程,了解进入社团条件,促进校园体育文化的提升。学校体育教师队伍的基本情况应由学校的公共体育部门和教务处通过学校网站公布,并应编写相关手册,让学生对体育俱乐部有更深入、更全面的认知,从而正确引导学生选择自己喜欢的专业和教师,同时也让学生按照自己的作息选择上课时间。如在课程开始后有新学生加入,新加入的学生需要填写申请表,在了解他们的身体状况及对所选择项目的熟悉程度的基础上再确定是否接纳,这有助于教师在进入体育俱乐部后设计教学任务。当然,学生本身也应该有选择权,需在教务处或高校公共体育课部门设立相应的转会制度,让学生在俱乐部之间自由转会。

4.分层次教学

学生之间在先天身体素质、后天体育学习情况、体育兴趣等方面存在差异,所以在高校体育教学中,他们有不同的表现。对于这种情况,在采取高校体育俱乐部教学模式的同时,我们还必须辅以分层教学。高校体育俱乐部教学模式的构建应划分为初、中、高三个层次,有利于满足不同层次学生的需求,最大限度地放弃了传统教学模式的短处。学生在选择项目时,可以根据自己的身体状况和兴趣进行选择,不同层次的教学方法不同,可以满足不同层次学生对体育的不同需求。在教学内容的安排上,可以根据俱乐部的初、中、高层次来构建合适的教学目标。

(二)高校体育俱乐部课程教学过程结构的特征

1.高校体育俱乐部课程教学过程结构的整体性

传统高校体育课程教学主要集中于学生单一技能的学习,忽略技能竞技水平的提升,所以教学过程结构比较单薄、主线单一。而高校体育俱乐部课程教学过程结构有一定的整体性,主要体现在课程内容的设计上,从技能教学到比赛教学到运动队选拔再到代表学校参加比赛。对于学生运动技能的掌握是从易到难,递进式的发展过程:基本技能的掌握到战术的掌握到教学比赛的实战对抗到校外赛事的高级别对抗。高校体育俱乐部课程教学过程结构的整体性,能够以兴趣激发学生参与运动的积极性,并在反复训练和练习后通过比赛成绩实现运动参与的自我价值。这一教学过程,为学生制订了完整的运动参与计划,有利于学生循序渐进地学习技能知识，在不同层次学习目标的激发下，有利于提升学习的积极性和持久性。

2. 高校体育俱乐部课程教学过程结构的连贯性

高校体育俱乐部课程教学过程结构的连贯性建立在整体性之上。在教学实践中，教学实施是环环相扣的，在学生遇到技术难点时，教学过程的整体性被打破，帮助学生解决技术瓶颈不断突破自我是关键环节，要反复通过教师讲解示范和学生的练习来突破障碍点，进行更高阶的运动参与。但因为个体的差异，学生解决问题的时间长度不同，教师应该因材施教，不能用相同的方法要求不同问题的学生，且要更有耐心，不能给学生造成"不会技能动作"或者"水平很差"的心理负担。此外，高校体育俱乐部还要求高水平技能学生帮助低水平运动能力的学生，让低水平运动能力的学生在同伴的陪同练习过程中逐步掌握动作技能，使技能习得和运动参与更加连贯，不断地提升自身的运动能力和水平。

3. 高校体育俱乐部课程教学过程结构的动态性

高校体育俱乐部课程教学过程结构的整体性和连贯性是学生习的动作技能的基础，也是运动参与的基础和学生运动能力提升的基础。而教学过程结构的动态性，主要体现在学生运动参与过程中的动态性。学生在掌握技能的过程中，性别、身体素质、心理控制能力的差异，会造成个体学习运动技能的完整性存在差异，所以教师在教学过程中，应该根据学生的运动参与情况，实时跟踪记录学生的学习动态，为学生制订个性化的教学内容、方法和手段，帮助学生解决问题，掌握运动技能，更好地进行运动参与。

（三）高校体育俱乐部管理模式的创新

高校体育俱乐部管理模式作为一种新型管理模式，在摸索其发展方向的同时也需要对在实践中收集的问题进行分析总结，从而得到有效管理经验，从基础上推进高校体育俱乐部管理模式的高效拓展。

1. 开拓多方资金来源途径

任何机构的运营离开钱都是无法启动和维持的，高校体育俱乐部也是如此。高校体育俱乐部服务的主体对象是学生大众，以学生为中心组织开展种种活动，而这些并不是光靠喊口号、拉横幅就能实现的，在此过程中消耗物品必不可少。若是缺乏资金，俱乐部就没法正常运作。然而实际情况是，各大高校的体育俱乐部都或多或少面临资金短缺的窘境，究其原因，最主要的一点就是高校体育俱乐部筹措经费的途径过于狭窄，几乎全靠参会学生缴纳会费和学校拨款支持来维护日常运营。无法融入社会、从企事业单位获得赞助是高校体育俱乐部成长壮大的一大阻碍。假如不能解决资金来源问题，高校体育俱乐部的未来将困难重重①。

充足的经费是高校体育俱乐部运营的主要动力，反过来说也正是阻碍高校体育俱乐部发展的最大死穴，所以大力拓展多方渠道进行经费筹措，以保证高校体育俱乐部经费的不间断循环，从而确保各项活动赛事的正常运行非常重要。高校需提高对体育俱乐部的重视度，为正常运作积极争取专项经费，有条件可成立专项运作基金来保证俱乐部的日常运营，同时可成立具有监督监察权利的组织对此进行一对一管理，由指定负责人按时上报审核。高校体育俱乐部可借助高校优势向社会展开资金筹措，与诸如各大电信网络公司等企事业单位联动，积极寻找合作机会，争取在允许范围内最大限度地打开由于资金匮乏引起的困难局面。

2. 强化体育基础设施的管理

基础设施的老旧不健全、现有场地无法应对所有学生的训练诉求，是许多高校面临的共性问题。这就要求高校体育俱乐部起到管理作用，对已有基础设施进行统一调配。一是在常规训练和各项赛事前，高校体育俱乐部应该统筹策划分配基础设施，以达到最高效的利用。例如可将现有场地划分为不同区域，同时进行活动来应对空间不足的问题，注意在落实前需对项目和参与人数进行整合安排以防实际操作中出现冲突。二是结合现有的体育设施资源，高校体育俱乐部在管理过程中，应重视体育器材多功能化的使用，发挥教师和学生的创造价值，对现有的体育器材和场地进行改造，或者创新制作简易的体育器材，以满足高校体育俱乐部学生的多样化需求。三是针对场地不足等问题，学校可以充分利用自身校区内的闲置场地或者周边环境，例如校园工会等，将其作为某一时段的高校体育俱乐部的活动或者训练场所。

3. 完善高校体育俱乐部管理体系

高校体育俱乐部的管理需要完善的组织体系和管理机制。一方面能够确保整个高校体育俱乐部健康良性运转，另一方面也能够为高校体育俱乐部教学模式的发展提供有力的帮助。首先，在完善高校体育俱乐部管理体系阶段，高校应结合学校的实际情况和教师队伍的专业能力，组建由学校和俱乐部共同参与的管理组织体系，学校主要由教师担任主管职责，而俱乐部的学生做辅助工作，以便对俱乐部运作情况查漏补缺、作出预判。其次，针对服务学生的主旨可制定由学生参与的管理岗位，使学生群体参与管理过程，以学生的角度献策献计，在锻炼学生的同时及时了解其诉求，从而确保俱乐部发展方向的正确性。另外在运作时也可适度吸取商业化经营模式，将拓展有偿服务纳入管理内容，确保管理工作与社会发展结合的即时性。

① 陶宏军. 建设体育强国战略下高校体育俱乐部教学改革研究 [J]. 科技视界，2020（29）：58 — 60.

4. 建设高素质的体育教师队伍

高校体育俱乐部对教师的专业能力要求更高，不仅要求教师具有专业的体育知识和技术水平，更需要教师能够组织、管理俱乐部的赛事和活动。因此，高校在发展体育俱乐部的过程中必须重视高素质体育教师队伍的培养。现阶段高校体育俱乐部的教师大多具备专业的体育知识和专业技术，但在俱乐部的管理方面经验不足。学校应当结合教师的实际情况，加强对教师队伍的培训。首先，要通过"走出去"的方式，让教师参与到更多的俱乐部的管理、组织事项当中，培养教师的俱乐部运营经验。其次，要在校内组建高水平的运动队伍，由教师担任教练或者领队，组织和培训学生参与赛事，在赛事训练、管理过程中，锻炼教师的俱乐部管理经验，并学习和接触其他教练员，帮助教师快速增长。另外学校还应当建立完善的"考核"制度，不仅对教师队伍进行绩效考核，采用优胜劣汰的方式鼓励教师队伍主动提升自身的能力，还需要对学生的成绩采用特定的方式进行考核，督促学生在参与高校体育俱乐部的过程中，保持高涨的学习热情、端正态度，通过不断提升学生对体育运动的兴趣，来达成培育学生终身体育的理念。

（四）高校体育俱乐部教学模式的实施方案

1. 组织架构

吸取相关成功经验是高校体育俱乐部教学模式建立的基础，应设立符合高校校情、独具本地特色的高校体育俱乐部教学模式，相关部门应当制定相关的政策法规，对高校体育俱乐部教学模式的构建给予支持。"学校应承担俱乐部教学模式的监督管理职责，并监督相关实施过程；体育部承担着教学的决策系统，所有的关于体育俱乐部的信息必须经过体育部的决策；各单项俱乐部的责任人、体育任课教师和学生组成了俱乐部模式的具体执行体系。"[①] 如果在管理和教学方面出现问题，教师和学生应积极有效地向学校体育部汇报，然后由体育部处理反馈意见，并根据反馈意见公布新的体育俱乐部政策；如果在高校实施体育俱乐部教学模式期间出现问题，学校和体育部应共同努力解决这一问题。

2. 实施办法

高校体育俱乐部以体育部为中心，在体育部的集中领导下，由单项体育俱乐部独立开展体育教学、训练、比赛、宣传等活动。高校构建体育俱乐部教学模式首先要确立好相关的政策，以体育部为中心建立单项俱乐部，并制定出每个级别会员学习的教学计划和教学大纲，初级会员的学习应围绕课程计划来学习，高级

---

① 林子. 我国普通高校体育俱乐部教学模式的现状及发展对策 [J]. 河北体育学院学报，2005（3）：60-62.

会员可以根据学生个性的发展特点和实际需求,在教师的指导下制定学习大纲,中、高级学员在体育教师的统一领导下,组织不同形式的教学课和训练课,通过学生在体育俱乐部的学习共同营造学校的体育文化氛围。

3. 师资队伍建设

要建立具有自身特色的高校体育俱乐部教学模式必须提升高校教师的整体素质。拥有正确的价值观、提高自身修养、善于学习新的相关领域的知识、不断提高自己的专业水平、善于接受新事物、能加强引导学生自主学习,是高校体育俱乐部教练员应具有的素质,这样可以给广大的高校学生创设更加完备的活动空间。

（1）加强体育教师队伍建设

新型体育教学模式的必要配置就是高水准的教师队伍。因此,根据高校教师学历分布现状,应持续引进高学历、高素质体育人才,从源头上提高学校体育教学质量,实现体育教学目标。其次,在网球、瑜伽等新兴项目中引进具有较强专业素养的人才,增加项目类型和教学水准。

（2）加强体育教师的职后教育

加强高校在职体育教师的继续教育,是提升教师综合能力的有效途径。高校在体育俱乐部教学时,要及时规划和培训教师,逐步提高教师的专业素质,积极安排新入校体育教师的在职培训。培训的内容应多元化、跟随社会发展,从而达成教师工作能力不断提升的目标,来应对学校体育的不断改革。

（3）体育俱乐部教师的培训计划

高校发展体育俱乐部模式必须完善体育俱乐部教学的师资力量,而担任体育俱乐部教学的教师不仅要求具有非常强的专业理论知识和技能,而且需要具备一定程度的管理水平。教师在体育俱乐部中定位是组织者和辅助者,这与一般意义上的体育教学模式中教师角色的定位略有不同,所以需要教师摒弃以往的教学方式,重新制定适合于体育俱乐部教学的新方法。所以,高校需要对体育教师开设俱乐部教学的学习培训,根据俱乐部教学的特性强化教师的专业素养和实践水平。

（4）增强教师的管理体系建设

加强高校体育俱乐部的用人制度建设,是体育俱乐部教学的需要,也是解决高校体育教师管理问题的方法。首先,进行聘任制。高校应依据教学要求和目的,先合理分配工作任务,依据体育教师的能力素养、技术等级、科研能力和身体素质,签订相应的体育教师责任书,依据责任书的具体内容给教师合理分配工作。还要不定期地以公开的方式对体育教师进行考核,同时,考核结果要运用到年终考核中,要与教师的职称与绩效挂钩。学校应该对教师责任书进行管理,如果教师连续没有完成任务,则需要将该教师调离教学岗位,进行新的培训。其次,合理设立教师岗位。制定体育教师管理制度，依据教师管理制度，进行合理设岗，在设岗的同时，要进行公平、公开、公开的选拔。再次，完善考核方法。为解决教师评职称的公正性，应当推进教师考核方式的公平性，重视教师的平时评价和年终考核，将学评教、教评教等多种评价方式引入其中，适当听取领导干部、教授对教师的评价意见。这样的方式不仅可以推动教师之间的竞争，也可让高校的师资水平不断增强。

4. 体育俱乐部课程设置

高校体育课程是协助大学生实施有效体育锻炼、培养终身体育教育观念、了解体育运动的最有效方法。学校完善大学体育课程直接关系学生的根本利益。高校建立体育俱乐部教学模式，是依据现阶段实际构建大学体育的课程体系，摒弃传统体育课程设置中存在的不足。依据现有的体育教学目标，在了解学生现状的前提下，设立高校体育俱乐部模式的课程。在体育教学内容上，设置的项目要广泛，要往多样化、特色化、娱乐化方面靠拢，同时增设地方传统特色体育项目；完善学校体育教学队伍，贯彻课外与课内相结合的教学模式，抛弃组织形式的单一化，适当地实行单一性别制班级、减少班级人数和分层教学模式，重视学生在身体、认知水平和情感等方面的发展和转变。

第一，在教师的引导下，进行网络选课或现场选课（第一堂课），打破以往的专业班级，进行重新组合，从而满足不同层次、不同爱好学生的需求。

第二，俱乐部可分为普及班和提高班，其间学生都可以依据自己的个人条件和兴趣爱好自主选择，最少选 1 个俱乐部，最多只能选 3 个俱乐部。教师会依据各个学生的自身条件和技术高低，排出普及和提高两个不同水平的班，安排学生去上课（其中提高班的目标高、要求严、内容繁杂、进度快、质量高，可代表学校进行比赛；普及班的进度慢、强调基础、多重复学习）。每个层次都有相配套的教学计划、授课安排、教学要求及教师自己独有的教学模式。难度越高的教授的知识和技能就越具有挑战性，考核所获得的分数就会越高，因此学生更需要大量的独立锻炼。在教学内容上，每个层次都不是简单的知识和技能的增减，而是根据不同层次学生的身体条件和技能，合理定位不同层次的教学要求。在教学中，教师应从内容、难度和标准等方面进行必要的划分，以促进学生达到更高的水平。

第三，为保证教学质量，一般意义上实行男女分开教学，部分活动可以男女一起上课，班级人数原则上为25~35人（像小球类及高层次班级人数可适当递减，但对高层次班级学生应进行动态教学管理体制，即升降级制度）。

第四，为增加体育俱乐部的教学时间和空间，创造有趣、宽松的学习、运动氛围，俱乐部教学时间除正常上课时间外，可以延续到周末时段（9：00—22：00）。

六、高校体育俱乐部教学模式的实践研究

（一）高校体育俱乐部课程的教学模式

1. 技能掌握式体育教学模式

对于体育教学而言，最终目的是让学生掌握运动技能、参与运动实践，增强体质、增进健康。技能掌握式体育教学模式，是传统高校体育课程教学和体育俱乐部课程教学常用的教学模式，但是不同课程体系的内涵和外延是有所差异的。传统高校体育课程教学注重技能掌握，忽略了技能进阶和提升；而高校体育俱乐部课程教学对于学生技能的掌握提出了更高层次的要求，体现在动作技能的掌握和实施具有一定的竞技水平，通过比赛中的竞技对抗提升学生运动能力，将技能的掌握转化为技能的运用。俱乐部课程教学对于学生主体掌握动作技能的要求更高，俱乐部课程的开展也是围绕着这个点来实施的。

2. 运动体验式体育教学模式

传统高校体育课程教学强调的是学生动作技能的学习和考核，课程内容设计单一，学生学习缺少积极性和主动性，学习效果一般。而高校体育俱乐部课程注重的是学生习的动作技能后的实施和体验，合作对抗的教学方法体系渗透于整个教学过程，学生通过递进式的学习、练习实现运动参与的个人价值，获得个人成就感。快乐自由的、竞争合作的运动体验感有效地提升了学生运动参与的积极性和持久性，自觉、经常性的运动参与使健康促进成为一种习惯和常态。在体验式的教学模式下，学生学会了合作与竞争的社会生活关系，有助于学生更早地适应社会环境，加强学生心理建设，促使学生身心健康发展，成为新时代的社会主义建设者。

（二）高校体育俱乐部课程创新的教学方法体系

1. 模仿练习的教学方法体系

体育教学中主要是通过教师示范，学生模仿练习来学习动作技能。传统高校体育课程教学中，学生通过模仿教师动作反复练习，并在教师的反复纠错中规范动作、掌握动作，但形式单一枯燥，学生在技能学习过程中容易厌烦和放弃。而体育俱乐部课程将采用多种形式的方法来进行教学，教师的示范演示、多媒体的运用、学生助教纠错练习和情感鼓励，用教学比赛实践来实现对学生技能学习的评价。同时学生主体通过多不同来源信息的加工处理，反复练习、模仿规范动作从而习得技能，实现运动参与的个人价值。整个学习过程中学生是主体，目标明确、主观能动性强，学习效果显著。

2. 合作对抗的教学方法体系

高校体育俱乐部课程区别于传统高校体育课程最重要的一点就是学生运动竞技水平的提升。在体育俱乐部课程教学中，教学比赛是检验学生运动技能水平的方法，比赛中既有合作又有对抗，可以快速地提高学生运动参与的能力，并实现个人运动参与的价值，获得个人成就感，更重要的是通过合作与对抗加强学生心理建设能力和承受挫败感的能力，是一种心理素质提升的有效手段。但教师也要时刻关注在比赛中未获得成就感的学生及反复承受挫败感的学生，并要对其进行心理疏导，避免负面情绪和心理负担，正视问题、解决问题，帮助其克服战术瓶颈，取得对抗中的胜利。而这种合作对抗的教学方法体现了人与人之间的合作与竞争关系，类似于社会生活中的人际关系，有助于提高学生适应社会生活的能力。

（三）高校体育俱乐部教学模式发展对策

1. 健全教学管理体系

要在高校体育教育中有效实施俱乐部教学模式，将俱乐部教学模式的优势充分发挥出来，就要准确地进行俱乐部的定位。

第一步，校方在进行俱乐部教学模式前应进行体育俱乐部的设置，设置完善的俱乐部管理机构，保证体育俱乐部的正常运行。

第二步，落实体育俱乐部的各项管理制度，明确岗位职责，提升俱乐部的管理水平，这是高校体育俱乐部教学模式正常运转的基础性工作。

第三步，应积极与社会相关领域进行交流与合作，发挥出体育俱乐部应有的社会化效果。在我国，高校体育与社会体育是相对独立的，却又相互关联、相互影响。所以，我们要根据本校体育教育课堂的教学情况，进行体育俱乐部的准确定位，将高校体育与社会体育联系起来，发挥出体育俱乐部的作用，有效提升学生体育应用能力。

2. 完善体育俱乐部管理制度

高校体育俱乐部教学模式的实施影响因素众多，一旦体育俱乐部的管理制度出现问题，就会影响到俱乐部教学模式的教学质量。进行高校体育俱乐部管理制度的完善，一定要结合高校体育的实际情况及体育俱乐部的建设情况，构建健全的管理体制，让俱乐部教学模式的开展能够有依有据，促进高校体育教学中俱乐部教学模式的有效开展。

由于各个高校的教学环境存在差异，体育俱乐部的教学规模也并不相同，我们也要借鉴国外体育俱乐部的规章制度，总结本校的体育教学情况，来进行体育俱乐部管理制度的改进及完善，使体育俱乐部教学模式能够顺利实施。

3. 加强体育俱乐部课程项目建设

在高校体育俱乐部的教学过程中，有一大部分学校出现了学生多、俱乐部设施不足，或是个别项目选报的学生过多的情况。面对这样的情况，学校方面要依照学生的兴趣爱好来丰富课程项目，进行体育俱乐部的项目拓展，设置一些实用性强的课程，进行一定的团体性活动安排，将学生的上课时间进行一定的分配，减轻体育俱乐部及体育老师的压力。体育任课老师也要适应新的体育教学模式，认识到老师身份的变化，根据因材施教及以学生为本的教学理念，按照学生个性的不同来制订科学合理的训练方案，提升学生训练效果，有助于学生养成良好的体育运动习惯。

4. 全面贯彻俱乐部教学理念

兴趣是最好的老师。高校体育教育要实行体育俱乐部教学模式，要全面贯彻以学生为本的教学理念，将学生放在体育课堂的教学主体位置，以学生的兴趣为切入点，按照本校体育教学的实际状况来进行教学方式的改革，发挥出体育俱乐部的作用。第一，坚持以学生为本的教学原则，进行学生基本情况的调查和了解，总结学生的兴趣需求，以及学生的身体素质情况，制定出相应的体育教学课程，提升学生对于体育课程的接受程度，激发学生的兴趣来提升体育教学质量；第二，在高校体育的俱乐部教学模式下，应摆正教师在课堂中的定位，清楚地认识到课堂上老师与学生的教学关系，充分发挥出体育俱乐部教学中学生的教学核心效果。高校体育俱乐部教学模式下，要加强老师与学生之间的互动性，积极鼓励学生，并引导学生积极参与体育活动，增强学生的综合素质，以促进学生的全方面发展。

（四）完善体育俱乐部教学模式的相关建议

1. 加强相关条件保障

为了有效地推进高校体育俱乐部教学改革，专业的体育设施置办有利于提高课程教学质量的同时也能激发学生的兴趣，学校应根据开设课程的具体数据来置办相应的教学训练所需器械，例如跆拳道项目则需要足够的场地空间和购买专业的训练器材等，在校内应建设专业的综合训练馆以备不时之需，在专业器械齐全的情况下，更要确保学生在此空间内训练不会出现安全事故。

2. 优化成绩录入程序

教师在上课前为保证教学过程的完整和流畅需要进行备课，期末需期末测评。期末教学考核和教学评价是对一个学期的教学效果和学习结果的考核，学生的成绩经过统计需要教师先从线下合成再录入到学校教务管理系统，增加了教师的工作量。为了优化学生成绩录入程序，让教师从烦琐的成绩录入工作中实现减负，建议实现数据在公共体育俱乐部管理、大学生体质健康测试和"阳光长跑"等系统与学校教务管理系统之间的无缝对接。

3. 合理安排上课时间

为了满足体育俱乐部的教学需求，避免造成体育俱乐部的课程与学院专业课程时间上的冲突，影响体育俱乐部教学模式的顺利开展，为了让学生选课自由权利最大化，建议学校与教务处妥善处理学院专业课和公共俱乐部课程之间的具体时间安排。时间安排的合理性利于提高师资及场地的利用率。

4. 完善教学课程设置

为了满足大多数学生的课程需要，高校应不断增加和完善教学课程的设置，提高学生的可选择性，关于课程项目的设置应考虑顺应时代的发展，课程项目要更加丰富、更加贴近生活，是学生在日常生活中给能够用到的，对于学生的自主锻炼意识也有很好的促进作用，对体育俱乐部教学模式发展的运行有很大的推动作用。

各高校体育俱乐部教学模式都还处于不断完善的阶段，场地设施不足及师资力量不足是高校较为普遍的问题。在设置课程时，学校应该在现有的条件下结合实际情况设置一些实用性强的课程；根据现有的师资队伍的实际情况更大程度地提高教师资源的利用。

5. 加大教师引进力度

高校体育俱乐部教学改革让体育教师普遍有了职业危机意识，如果他们不适应体育俱乐部教学模式，就会被淹没在改革的历史潮流之中，必然被社会所淘汰。即便一些教师能勉强应付，也会限制学生在体育方面的发展。所以，学校应该高度重视师资队伍的建设工作，学校及教育局应积极引进相关对口的人才教师充实教师队伍，建立一支结构合理、爱岗敬业、具有能力及创新精神的队伍，为更好地教学及发展储备资源。

6. 提高教师教学能力

人在学习的道路上应该一步一个脚印，一往直前，学习没有尽头，教师作为课程教学中学生学习的榜样和指导者，应该具备较强的专业素质和能力。体育俱乐部教学模式的运行和发展，对教师的教学能力、组织能力都更加严格，教师需要不断地学习以提高自身的能力。现任教师可通过选择进修或者参加高层次的培训提高自身的专业性；为了教师能变被动学习为主动学习，应支持教师利用自主申报俱乐部课程的方式，有利于提高自身专业技能、培养其组织管理能力、教学方式的改良等，从而适应俱乐部教学。

7.加强教学质量研究

教学质量的提高是每个高校不断前进的标杆，为了加强教学质量的研究，学校应积极申报关于能够提高教学质量的课程项目，项目研究的成果不仅有利于高校自身教学质量提高，同时对其他高校也有一定的借鉴意义。此外，学校对教师的教学质量要求也要时刻检验，让课程教学优秀的教师对其他教师进行经验传授，利于提高课程教学效果和对学生全方位的培养。

8.提高学生参与兴趣

提高学生兴趣及其参与课程活跃度主要是从宣传方面、课程项目设置、教学形式的组织及教学过程中教师与学生的互动交流，加强俱乐部教学模式的宣传工作，做到使学生充分了解其课程内容；课程设置的比重选择学生较为感兴趣的课程；加强教学形式组织的多样性和新颖性；在课程教学过程中，教师加强与学生的交流互动，了解学生的想法及促使学生感受到课程的趣味性。过往在进入大学之前体育运动一直都被误解为影响学习的活动之一，因此，体育运动往往都被家长们忽视，甚至也会被学校忽视，久而久之，就连学生自身都难以重视体育。对于要顺利且长久的开展体育俱乐部教学模式，使高校及学生加强对于体育活动的重视，提高学生兴趣和学生课程参与度是关键所在。

一个完整且有效的课堂教学是教师和学生一起支撑起来的，在完善学校和教师发展策略的同时，学生方面也不能忽略。从学生的角度上，面对课程教学时应该更多地展现自己的积极性，面对教学要求，尽可能对自己要求严格；面对教学内容，尽自己最大努力消化学习内容；面对学习问题，大胆提出自己的疑虑；面对教师同学，尽可能放开自己积极与他人进行交流，互相学习、互相进步。

七、例谈俱乐部教学模式在高校体育教学中的应用

（一）冰雪俱乐部

1.冰雪运动概述

冰雪运动是指在冰地和雪路上进行的各种运动，比如常见的滑雪、冰壶、滑冰等。冰雪运动专业是一门本科类专业，其主干学科包含体育学、教育学和心理学。其培养目标为：培养具备冰雪运动基本知识和相应理念及拥有突出专项运动技能的人才，能够在专业队伍、体校或者俱乐部，从事相关教学、竞赛和运营管理工作，并且富有开阔的国际视野和良好的创新精神。

冰雪运动的优点众多：

①可以有效改善神经系统调节，尤其是体温调节，当人体遭遇冷空气侵入时，

皮下血管会充血，增加血流速度，加强人体的抗寒性；

②冰雪运动能够大大提升人体的灵活性、平衡性，使人们的心理素质和应变能力得到增强；

③冰雪运动是有氧运动，能够增强人体的肺活量，使人体保持良好的心血管系统，提高锻炼效果；

④协调身体各个关节的合作，帮助加强身体柔韧性。同时冰雪运动还能锻炼人们的顽强意志，培养勇敢、坚毅等性格。

2. 高校体育冰雪运动俱乐部教学模式改革方法

（1）优化教学理念和教学方法

高校冰雪运动课程需要遵循一定的开发原则，结合实际情况，创造一个符合学校经济能力、硬件设施齐备的课程体系。大学冰雪运动要遵循时兴性原则，课程开展要与当前时代背景相结合。比如学校可以大力开发相关运动课程，积极宣传推广，吸引优秀人才加入冰雪运动事业。冰雪运动课程还要具备创新性原则，当前大学生更多地想要从事主流体育运动。为了更好地吸引冰雪类专业的人才，要积极开展俱乐部制度，给予学生更大的自主发挥空间，加强和其他高校的冰雪运动课程交流与分享，使学生能接触到更多从事冰雪运动的人，有更充足的条件参与冰雪运动。

高校要进一步加强以人为本、友谊第一比赛第二、健康优先的教育理念，并严格执行，确保学生能够做到科学严谨、合规安全的体育训练。冰雪运动不仅是一项竞技类体育，更是一项健身娱乐项目，其本身富有丰富的文化内涵。高校的教育理念要在原有的知识传递、技能传授上，增加文化培养，进一步提高学生的综合素质。课堂教学要以学生的兴趣爱好作为基础进行展开，帮助学生自主进行学习。在教学内容上保证理论与实践的结合、"冰""雪"内容的合理分配，重视以德育人，帮助学生进行德、智、体、美、劳的综合发展。教学方法要更加多元化，结合信息技术，提升运动理论的多维思考，实现教学质量的加强。智慧型模式是当前最有效的教学模式，依托互联网技术，将微课、翻转课堂等课程加入学生的教学内容中，实现教学的全面提升。除此之外，还要为学生创造舒适的教学环境。组织冰雪运动比赛。不仅可以提高学生的积极性和竞技性，还能使学生深入了解冰雪的魅力。

（2）加大冰雪设施投入

许多高校在冰雪设施上投入不足往往是受场地的限制。随着时代不断发展，相关问题的应对方法也在逐渐优化。比如在南方地区，可以积极发展室内冰雪运动，安装冰场、人工降雪等方法都能够有效缓解高校缺少教学场地的尴尬局面；北方地区由于地理位置和气候环境，在应用场地上较为充裕，但是在设施配备上同样不够完善。高校要加大资金投入力度，积极购置相应安全防护设施，保证学生的安全；加强与地方政府、滑雪场、冰场间的合作，利用其场地资源进行人才培养，积极开展冰雪类赛事，引进广告商的加盟，扩大收入来源，加强冰雪设施建设。

（3）丰富教学内容

①完善课程设置。高校冰雪课程的主体是大学生，课程开发要始终围绕大学生的需求进行拓展。与主流体育运动相比，冰雪运动需要学生有更强的运动能力和身体素质，但这也使得一部分学习能力较弱，体质不出众的学生在学习时产生较大的心理障碍。高校的冰雪运动在教导学生专业理论知识和运动技巧时，也要注意学生的身心健康发展。学校教师要在每次课程结束后，及时掌握学生的学习情况、思想状况，当出现问题时，能够第一时间进行处理。冰雪课程还要进一步引入社会实践活动，帮助学生从日常繁重的学习压力中走出来。在冰雪课程中加入冰雪项目游戏，比如堆雪人、打雪仗等。进一步帮助学生放松身体，在冰雪场地上深刻感受冰雪的乐趣，培养学生对于体育运动的热爱，以更积极、更阳光的心态进行学习。

②加强企业合作。学校要加强和相关企业的合作，帮助学生提升实习锻炼的机会。校企合作的教学模式有巨大的优势，比如能够获得大量资金进而建设场地设施；解决教师专业能力不足、专业技巧薄弱的劣势；开阔学生的眼界，强化对冰雪运动的认知。当然在追求高度合作的同时，学校也要注意合作的高效性和安全性。第一，合作的企业要有冰雪场的拥有权；第二，相关教师要进行实地考察，进而判断场地是否符合学校的教学需求；第三，双方应当达成互惠互利的局势，学校在获得企业场地、资金方面帮助的同时，也要帮助企业进行相关理论知识的培训，并且推荐优秀人才进入企业内部，帮助企业发展建设。

（4）提高重视程度

虽然冰雪运动相比较于田径类、游泳类等体育项目相对冷门，但是随着国家政策的扶持，冰雪项目的发展必将突飞猛进。学校要提高对于冰雪运动的重视度，积极宣传和推广相关项目。比如高校可以利用当下流行的短视频、App、公众号、信息平台，加强对冰雪运动的宣传，特别是要体现冰雪运动的乐趣及对人身心健康的各方面益处，进一步让人民了解到冰雪运动的魅力，将冰雪项目打造成学校的特色，进而吸引学生的报名。

（5）加强人才引进

冰雪运动教学质量主要由教师的教育能力和专业能力决定。教师不仅仅是教学工作的主体，同样也是教学的第一负责人。首先，要加强专业人才的引进，学校在进行相关人员招聘时，可以实行奖励制度，提高工作的待遇条件，进而吸引专业能力更强的教师加入。比如当教师所带领的学生在比赛中获得优异成绩、学期任务圆满完成时，或者从事冰雪运动的人数上升时，教师都可以获得大量的资金奖励。其次，在引进优秀人才后要进行专业的道德教育意识能力培训，由企业派遣专业的人员和学校的教师进行交流合作，互相提高。定期开展专业讲座并派遣教师外出学习，全面提升教师的综合能力。最后，进行合理的师资力量分配，由擅长理论知识的教师负责课堂知识教学，擅长冰类运动的进行滑冰、冰壶运动的教学，擅长雪类运动的进行滑雪、雪车等运动的教学。通过合理的工作分配，进一步发挥教师的特长，使教学工作能够最大限度地帮助学生成长。

（二）武术俱乐部

1. 俱乐部式武术教学模式的概念和内涵

俱乐部式武术教学一般都是由一些高校专门为大学生成立的，这种武术教学模式是通过将传统的武术教学与健身活动相互结合起来，并通过将教学资源及教学内容整合到一起，使高校武术教学的内容及形式得到延伸。高校俱乐部武术教学的内涵表现在以下几个方面。

第一，高校通过为大学生建立武术俱乐部，将高校武术教学方面的教学大纲与武术俱乐部中的项目指导融合在一起，使得武术体育教学过程中，教师开始由传统课堂教学开始向职业教练转换。

第二，武术教学模式，就武术教学的内容而言，武术教学主要包括竞技格斗、传统文化及武术套路等内容教学，以及对于健身方面的指导。就武术教学的形式而言，俱乐部武术教学不仅仅包含着传统中的课堂教学模式，而且也包含着健身娱乐教学。

第三，俱乐部式武术教学与武术课堂教学之间有着相辅相成的关系，如果将武术教学比作武术文化传播过程中的载体，那么武术俱乐部则是保证这一过程得以实现的载体。在传统的武术教学过程中，武术教师既是学生们的体育教师，而且也是学生们的俱乐部教练。并且，通过将这一主体与武术教学课堂相互结合，有利于最大限度地实现高校体育教学目标，比如运动技能目标、运动参与目标、心理健康目标及社会适应目标等。

2. 武术教学模式俱乐部化的意义

自从我国的高校教学中列入武术教育以来，武术教学在弘扬我国优秀传统文化、丰富教学生活及提高大学生身体素养等方面发挥着很重要的作用。在20世纪90年代，我国高校在武术教学方面出现一种低迷的状态。我们暂且不谈高校大学生学习武术方面存在"哈韩""哈日"等心态,就我国当前体育教学方面的状况而言,却是存在非常明显的弊端,而武术俱乐部的产生对于高校武术教学方面存在的问题能够良好解决。

第一,俱乐部的教学模式相对于传统的教学模式更加灵活,刚好符合当代大学生健身、娱乐的心理追求,俱乐部式武术教学在组织形式方面相比传统武术教学而言,对大学生的吸引力更强。同时,这种武术教学模式不但使得教学内容变得更加丰富,而且还具有组织灵活、运动氛围愉悦等特点,进而受到了大学生的喜爱。

第二,武术俱乐部的建立是对传统武术教学的延伸,武术教师具有健身教练及武术教师双重角色,进而为武术文化的普及奠定了基础。传统武术教学过程中,一般都会有一套固定的套路,并且在课堂构建过程中,基本上是以"讲解—示范—练习—纠错"等固定的模式展开的,教师在为学生们开展武术教学的过程中,只注重对武术套路及基础内容的示范,而忽视了对武术精神及武术在攻击性方面的特点。而要想将武术的这一特点展现出来,则必须经过长期指导和训练,同时武术俱乐部还要不断突破常规,在提高大学生武术技能的同时还要培养大学生的健身意识。

第三,武术俱乐部在武术教学方面更加强化了对武术健身性及攻击性方面的教学特点,在不断阐释武术文化精髓的同时还帮助大学生提升体能适应能力。传统武术教学过程中,不论在武术讲解方面还是武术示范方面都比较单调,不容易调动学生的积极性,而俱乐部武术教学模式则更有利于吸引学生的注意力,进而使得学生可以利用闲暇时间参与到日常锻炼中,促进学生体育技能的提升。

3. 高校俱乐部式武术教学策略

(1)强化对武术文化的有效宣传

高校俱乐部在为学生开展武术教学的过程中,需要加大对武术教学的宣传力度,尤其要注重对武术精神及武术文化的宣传,打造良好的武术学习氛围。在武术教学过程中,以武术思想的培养作为核心教学内容,并且注重理论与实践结合教学,让学生对武术文化有所了解,进而提高学生的武术技能。

(2)选择科学的武术教学方法

为了使得武术教学达到理想效果,在武术教学过程中需要设计合理的教学方案,同时根据大学生的兴趣爱好,在武术教学过程加入一些个性化元素及趣味知识,以提高学生学习的积极性。另外,武术教学过程中还要针对不同的大学生展开分层培养,因为不同的大学生体能也不同,如果采用同一种培养方式的话,往往不利于教学质量的提高，因此武术教师应该因材施教，针对每一位学生制定专属于他们自己的培养方法。

（3）加强师资队伍建设

为了提高高校体育俱乐部的武术教学效果，高校必须要建立一支有强大实力的师资队伍。一方面，高校应该聘请专业武术指导教师来学校分享武术方面的精华；另一方面，在保证武术教师师资数量的前提下，应对武术教师制定严格的考核标准，通过层层选拔进而挑选出合适的教师，打造出一支高素质、高能力的师资队伍。

参 考 文 献

[1] 刘唱，朱丽红．"体育强国"战略背景下普通高校网球教育的发展研究 [J]．内江科技，2021，42（12）：67-69．

[2] 牛建华．浅谈我国新时期体育强国战略 [J]．体育风尚，2019（1）：262．

[3] 张秋阳，杨祥全．体育强国背景下武术腾飞路径 [J]．当代体育科技，2021，11（35）：146-150．

[4] 洪燕燕．"终生体育"视域下的体育教学——评《大学生体育教育》[J]．当代教育科学，2020（12）：97．

[5] 张猛，李春光，孙文杰，张艳．信息化建设下体育教学过程的解构与重构 [J]．体育师友，2020，43（6）：64-65；75．

[6] 曾峰．高校体育社团对大学生体育参与的促进研究 [J]．北京印刷学院学报，2020，28（12）：105-108．

[7] 高原原．高校体育教学改革创新新思考 [J]．北京印刷学院学报，2020，28（S2）：242-244．

[8] 杨九平．新时期高校校园体育文化如何建设 [J]．食品研究与开发，2020，41（24）：269-270．

[9] 王光元．我国高校校园体育文化建设的问题与对策研究 [J]．开封文化艺术职业学院学报，2020，40（11）：101-103．

[10] 黄伦．新时代高校体育文化价值重新认识 [J]．青年与社会，2020（30）：130-131．

[11] 方亚冰．"互联网+"背景下高校校园体育文化的建设研究 [J]．内蒙古财经大学学报，2020，18（5）：15-17．

[12] 高丽，张忠楼，吴震．山东民俗体育与特色旅游的融合发展研究 [M]．北京：人民体育出版社，2020.05.135 页

[13] 周洪松．智慧体育之于高校体育文化建设的思考 [J]．体育风尚，2020（5）：167．

[14] 颉梦宁，王国强. 体育生活化视角下高校体育教学现状与模式研究——以东华理工大学为例 [J]. 东华理工大学学报（社会科学版），2019，38（4）：413-416.

[15] 黄璐. 健身瑜伽在高校体育教学中的作用研究 [J]. 湖北农机化，2019（24）：129-130.

[16] 丛灿日，王志学. 应用型高校人才培养体系下体育课程改革的路向 [J]. 喀什大学学报，2019，40（6）：111-116.

[17] 任天豪. 朱家骅"体育强国"理念的实践 [J]. 湖州职业技术学院学报，2019，17（4）：75-77.

[18] 陈林会. 体育强国建设进程中高等体育院校责任与使命的理论思考 [J]. 成都体育学院学报，2019，45（6）：21-23.

[19] 韦淼. 以人为本的教育理念在高校体育教学中实践探析 [J]. 科技资讯，2019，17（31）：137；139.

[20] 董璐. 建设体育强国背景下高职院校特色体育课程体系研究 [J]. 当代体育科技，2021，11（36）：69-71.

[21] 陈炜力. 以人为本理念下高校田径教学改革研究 [J]. 菏泽学院学报，2019，41（5）：134-137.

[22] 张忠林. 体育强国视域下的体育教育专业人才培养 [J]. 体育世界（学术版），2019（8）：56-57.

[23] 高娟，周文来. 新时代体育强国思想下高校体育素质教育的思考 [J]. 军事体育学报，2019，38（3）：49-52；98.

[24] 包呼和. 以人为本的教育理念在高校体育教学中实践探析 [J]. 体育世界（学术版），2019（5）：137；145.

[25] 陈晔. 基于终身体育理念下的高校体育教学改革研究 [J]. 文体用品与科技，2019（7）：163-164.

[26] 周沈斌. 基于体育强国角度探讨足球文化自觉的必经之路 [J]. 文体用品与科技，2018（23）：10-11.

[27] 刘俊，蒋志定. 刍议高校体育教育对培养学生健全人格的影响 [J]. 新西部，2017（34）：137；135.

[28] 王晋刚. 浅议高校大学生身体素质状况与高校体育教学改革 [J]. 大众文艺，

2017（24）：229.

[29] 何朝玉，翟常卿. 高校篮球俱乐部管理与实践研究——以合肥学院为例 [J]. 辽宁科技学院学报，2017，19（6）：62-64.

[30] 郑波. 普通高校实行体育俱乐部教学的实践研究 [J]. 运动，2017（22）：35-36.

[31] 关静红. 完善体育教学俱乐部模式，强化学生能力培养的研究与实践 [J]. 纳税，2017（32）：180.